O. Rydzy

Einmal Koch und zurück

Die Biografie

Einmal Koch und zurück

Die turbulente Biografie eines Berufslebens

von O. Rydzy

Bibliografische Information der Deutschen Nationalbibliothek:
Die Deutsche Nationalbibliothek verzeichnet diese Publikation in der
Deutschen Nationalbibliografie; detaillierte bibliografische Daten sind im
Internet über http://dnb.dnb.de abrufbar.

Herstellung und Verlag: BoD – Books on Demand, Norderstedt

ISBN: 9783750404441

Kapitel, Lebensabschnitte

Dieses Buch habe ich in 31 Kapiteln angelegt, die jeweils die einzelnen Episoden meins Schaffens beleuchten.

Dabei gab es für mich immer wieder neue Überraschungen.

Was war mir in der Erinnerung geblieben und was wurde eventuell vergessen oder verdrängt?

Es war spannend in die eigene Vergangenheit einzudringen. Ich kann es nach meiner Erfahrung nur jedem empfehlen.

Vorwort

Dieses Buch ist all denen gewidmet, die sich in Lebenssituationen wieder finden, in denen sie der Auffassung sind, eine Sackgasse erreicht zu haben.

Auch Menschen, die glauben, in ihrem Berufsleben geht es irgendwie nicht so recht weiter. Sie werden merken, dass es immer weiter geht.

Sei es der Zufall oder einfach nur Glück.

Ich bin der festen Überzeugung, dass ich durch mein sehr lebhaftes Berufsleben sagen kann, dass immer, wenn sich irgendwo eine Türe schließt, woanders eine neue Türe auftut.

Man muss nur die Augen aufhalten und aufmerksam durchs Leben gehen.

Und nun wünsche ich Ihnen viel Freude, meinen lebhaften und bewegten beruflichen Werdegang mitzuerleben.

1.0. VOM AUSSTERBEN DER BERUFE

Gedanken zur damaligen Berufswelt.

Warum ich vom aussterben der Berufe rede, das werde ich später, zum Ende, besser erklären können.

Es gibt Berufe, die ihre Zeit hatten und nun nicht mehr benötigt werden.

Ein Wagner wird es heute zum Beispiel schwer haben, seine Ware an den Kunden zu bringen.

Aber auch Berufe, die aufgrund der harten Arbeit und anderer widriger Umstände, immer weniger Menschen finden, die sich das antun möchten.

Ja.

Auch diese Berufe sterben irgendwann einmal aus.

Heute befinden wir uns in einem Umbruch, der für viele Menschen schleichend, gar unbemerkt, statt findet.

Sicher, so wird man sagen, gibt es einfach auch Berufe, die ihre Zeit hatten, wie ich schon erwähnte.

Ich denke auch an die Korbmacher, die vor gar nicht all zu langer Zeit durch die Lande zogen, um ihre Ware feil zu bieten.

Wenn ich überlege, habe ich vor fast 10 Jahren den letzten Korbmacher gesehen, wie er seine Waren auf einem großen Platz anbot.

Auch die Schirmmacher und Scherenschleifer kenne selbst ich noch.

Sie kamen regelmäßig durch die Orte, um ihre Dienste anzubieten.

Leider gibt es heute nur noch Einwegschirme , die eventuell einen Regenschauer überleben und danach die öffentlichen Mülltonnen zieren.

So wie diese Beispiele uns zeigen, dass es auch Berufe gibt, die nicht mehr gefragt sind und dadurch schleichend aussterben, genau so gibt es in unserer Gesellschaft immer mehr Berufe, die dem geänderten Freizeitverhalten entgegenstehen.

Auch die Gastronomie, damals noch ein zentraler Treffpunkt für die Dorfgemeinschaft, ging langsam aber stetig zurück.

Gab es früher in kleinen Ortschaften noch unzählige Kneipen, Gasthöfe und Fremdenpensionen, sind es heute oft grade noch ein Hotel und ein Gasthof.

Freizeit und Wellness nehmen hier zu Lande einen wichtigen Stellenwert ein.

Die Work-Life-Balance steht für viele im Stellenwert ganz vorne.

Ich denke noch an die Zeit meiner Ausbildung zurück.

Ich habe mich für einen harten Beruf entschieden.

Wobei der Begriff Beruf ja überholt ist.

Eine Berufung sehen heute die wenigsten in ihrem Job.

Das Streben nach Geld und Ansehen scheint mittlerweile wichtiger zu sein, als das erfüllt sein in einem Beruf, der einen das ganze Berufsleben begleitet.

Sicherlich ist es verständlich, dass man seine Familie mit einem Beruf ernähren muss.

Daher haben es heute viele Berufe im Dienstleistungsgewerbe und handwerkliche Berufe sehr schwer, Nachwuchs zu finden oder gar die bestehenden Mitarbeiter im Beruf zu halten.

Das alles ist heute oft mitentscheidend bei der Berufswahl geworden.

Es wird einfach zu oft nicht mehr nach Interessen oder einer Berufung entschieden.

Die Berufswahl orientiert sich oft vielmehr an Gehaltsklassen oder an dem Ansehen, den ein Beruf in der Öffentlichkeit darstellt.

Dem entgegen zu wirken, obliegt eigentlich der Politik, geht doch die Schere der Verdienste in den einzelnen Berufen sehr weit auseinander.

2.0 So wie alles begann.

Ich wuchs sozusagen behütet auf. In einer der Gastronomie nahe stehenden Familie.

Eine kleine, aber gut gehende Fremdenpension nannte meine Mutter ihr Eigen.

Da mein Vater einen geregelten Beruf ausübte, kannte ich auch die andere Seite, wie ein Berufsleben verlaufen kann.

Die Vorzüge dieses Lebens lagen für mich und meinen Bruder klar auf der Hand. Obwohl meine Mutter tagein, tagaus arbeitete, war sie immer für uns da.

Zudem gab es viele Leckereien, die von den Gästen als regionale Köstlichkeiten sehr geschätzt wurden. Ja, auch wir genossen dies und wuchsen mit Vorspeise, Hauptgang und Dessert auf. Und das täglich.

Für andere da sein, dass war es wohl, was meine Mutter antrieb. Der Servicegedanke, der heute in so vielen Betrieben verloren gegangen ist oder der aus dem Beruf nur noch einen Job macht, stand für sie im Vordergrund.

Es gab kein Personal. Die Menschen damals haben vieles alleine gemacht. Ich spreche dabei nicht von einer fern liegenden Zeit, sondern von nicht einmal fünfzig Jahren.

Es gab keine festen Arbeitszeiten.

Nach dem das Frühstück vorbereitet war, begab sich unsere Mutter auf die Zimmer, um diese zu herzurichten. Das durfte natürlich nicht lange dauern, da das Mittagessen auch bereits auf die Zubereitung wartete.

Das war ihr zentraler Lebensinhalt. Die Freizeitgesellschaft, wie wir sie heute kennen, war meinen Eltern fremd. Trotzdem stand die Familie immer im Vordergrund.

Die Zeit verfloss und ich wurde älter.

Ich dachte nie daran, jemals in dieser Knochenmühle namens Gastronomie, zu arbeiten.

Nach vielen Jahren wurde meiner Mutter von ärztlicher Seite angeraten, mit dieser so aufreibenden Tätigkeit aufzuhören. Sie wolle doch schließlich noch ihre Kinder aufwachsen sehen und dies zudem noch erleben.

Die Pension wurde von ihr schweren Herzens aufgegeben und der vorhandene Platz zum Ausbau in Ferienwohnungen genutzt.

Endlich stand mehr Zeit zur Verfügung.

Doch was tun mit der neuen Freiheit?

Jeder, der einmal in der Gastronomie gearbeitet hat, kennt die Situation.

Plötzlich gibt es Zeit für Sachen, die Jahre zurück stehen mussten. Die Decke scheint einem auf den Kopf zu fallen.

Nicht so meiner Mutter. Sie fing an mit Handarbeiten.

Ich kann mich noch an den Wachsgeruch von den Batikarbeiten erinnern, wenn ich aus der Schule nach Hause kam.

Stricken, Häkeln und Hardanger Stickereien waren nun die Dinge, die meine Mutter aufblühen ließen.

Dann kam die Bauernmalerei hinzu.

Sie besuchte zusammen mit meinem Vater einen Kursus.

Meinem Vater lag schon immer die Malerei und als technischer Zeichner hatte er zudem das Gefühl für die richtigen Proportionen und Farben.

Er verwirklichte sich neben seinem Beruf nun in der Brandmalerei und besuchte auch eine Zeit lang einen Kursus bei dem regional bekannten Maler Hinrich Grauenhorst.

Dort verfeinerte er seine Techniken und das Gefühl für die richtigen Farben, die ja einem Bild den einen, besonderen Ausdruck verleihen.

Seine Brandmalerei ging ins Ruhrgebiet und sogar einmal bis nach Indien, wo ein Kollege seinen Verwandten mit einem Wappenteller beschenkte.

Der war, so glaube ich, der Neffe des damaligen Außenministers Rahu.

Und auch nach Irland wurden seine Brandmalereien als Gastgeschenke verbracht.

Meine Mutter hatte fortan die Bauernmalerei als Hobby oder Berufung entdeckt.

Es wurde alles bemalt.

Ich erinnere mich an dutzende Milchkannen, die damals als Schirmständer sehr beliebt waren.

Aber auch Holzteller und Schränke waren vor ihrer Leidenschaft nicht sicher.

Unser Haus stand voll mit Exponaten aus Holz mit den künstlerischen Ergebnissen meiner Eltern.

An einen Schrank kann ich mich noch besonders gut erinnern.

Diesen alten Schrank hatte mein Vater auf dem Dachboden beim Aufräumen entdeckt.

Es wurde sozusagen zu einem gemeinsamen Projekt meiner Eltern.

Am Ende stand und steht auch heute noch in unserem Flur ein wahres Kunstwerk. Es zeigt die Vier Jahreszeiten, kunstvoll inszeniert.

Ich selbst sagte mir immer, dass mir die Gabe für solche Dinge fehlen würde.

Wir fühlten uns zu Hause alle sehr wohl.

Doch dann kam auch für mich die Zeit der beruflichen Orientierung.

Es war nicht einfach, sich über die verschiedenen Berufsbilder zu erkundigen.
Wir hatten zu jener Zeit noch kein Internet und die Informationen anderweitig zu erhalten, war auch nicht so einfach.

Sicherlich gab es auch beim damaligen Arbeitsamt allgemeine Informationen in Form von Blättern, die grob die einzelnen Berufsbilder beleuchteten.

Doch tiefer gehende Informationen, wie sie heute auf einen Klick im Internet zur Verfügung stehen, gab es leider noch nicht.

Blieb aber immer noch die Orientierung vor Ort. Dort gab es ja auch einige Betriebe, die interessante Möglichkeiten bieten würden.

3.0 Was nun machen?

Da es hier im Sauerland sehr viele gastronomische Betriebe gab, lag es auf der Hand, etwas in dieser Richtung zu machen.

Mein Interesse lag aber auch im Chemiebereich. Den Beruf als Chemielaborant konnte ich mir auch vorstellen.

Nur wie an eine Stelle kommen. Hier auf dem Land gab es halt in erster Linie den Fremdenverkehr.

Also entschloss ich mich, erst einmal mein Schulpraktikum als Koch zu absolvieren.

Oh Gott!

Was hatte ich mir da nur angetan. So dachte ich zunächst.

Diesen Job den ganzen Tag, gar das ganze Leben auszuhalten, das schien mir unvorstellbar.

Ich wollte irgend etwas anderes machen.

Egal was.

Nur halt etwas anderes.

Die Zeit verstrich. Ich stand kurz vor meinem Schulabschluss.

4.0 Der Einstieg ins Berufsleben.

Da waren Sie nun.

Meine beiden Probleme. Gehe ich in die Lehre oder weiter zur Schule?

Schule macht Spaß. Aber auch die endet irgendwann einmal.

Also verschiebe ich so nur das Unausweichliche.

Den Start in das Berufsleben.

Nach unserem Schulpraktikum wollte ich eigentlich nicht mehr so richtig als Koch mein Leben fristen.

Es schien mir einfach zu anstrengend zu sein.

Doch wie das Leben so spielt, kommt es oft anders als man denkt.

Ein, ich nenne es mal, glücklicher Zufall, ließ meine Eltern nach einem Tanz auf dem Dorf Schützenfest neben einem Hotelier Ehepaar aus dem Nachbarort zum stehen kommen.

Da meine Mutter noch nie große Berührungsängste hatte, kam ihr auch hier ihre gastronomische Gelassenheit zur Hilfe.

Sie nahm das Schicksal in die Hand und fragte ganz direkt nach einer Lehrstelle zum Koch.....und zwar für mich.

Die Hoteliers waren sehr offen und direkt.

Sie sagten, es sei höchste Zeit und ich solle doch direkt einmal am nächsten Tag vorbei schauen.

Das Vorstellungsgespräch war mein erstes. Ich hatte natürlich feuchte Hände. Ein laues Gefühl in der Magengegend kam noch hinzu.

Ehe ich mich versah, hatte ich plötzlich einen Ausbildungsplatz. Und der war zum Glück nicht so weit weg von meinem zu Hause entfernt.

Dadurch war nun mein Schicksal besiegelt.

Also doch in die Knochenmühle und erst einmal Gastronomieluft schnuppern.

Nach meinen letzten schönen Sommerferien, die nach meiner Meinung wie im Flug vergingen, kam nun der Start in einen neuen Lebensabschnitt.

5.0 Die ersten Schritte in der Ausbildung

Die ersten Tage werde ich niemals vergessen.

Zuvor hatte ich mich noch mit ein paar Kochjacken und Hosen ausgestattet. Damals gab es noch die D-Mark und die Berufsbekleidung aus dem Fachgeschäft vor Ort kostete ein Vermögen.

Nun stand ich da, zu Hause vor dem Spiegel. Erstmal die Berufsbekleidung anprobieren. Es war alles noch ziemlich steif und unbequem. Dazu ein paar Turnschuhe. Ich hatte schon gehört, dass man viel in Bewegung ist und zudem noch den ganzen Tag über stehen muss.

Dann war es soweit. Der erste Tag meiner Ausbildung.

Ich wachte schweißgebadet auf.

Angst? Was kommt auf mich zu? Frühstücken geht nicht. Kein Hunger. Die Spannung steigt.

Ich schwinge mich auf mein Moped und mache mich auf den Weg. Da es auf dem Land nur wenig öffentlichen Verkehr gibt, musste ich zuvor noch einen Führerschein machen, da meine Arbeitszeiten und die Busfahrpläne nicht passten.

Vom ersten Tag an wird man voll eingesetzt. Zwar sind es zunächst nur Hilfstätigkeiten, aber auch die sind wahrscheinlich wichtig, so dachte ich mir.

Nun, was ist so alles zu tun?

Salat putzen. Immer und immer wieder. Und Kartoffeln schälen. Zum Glück gibt es eine Kartoffelschälmaschine. Und putzen, Töpfe spülen und Küche schrubben.

Nach ein paar Wochen war ich der Fachmann für Salat waschen und Reinigungsarbeiten aller Art.

Ich kroch förmlich jeden Abend nach Hause. Alle Knochen, wirklich alle, taten mir weh. Ich wusste nicht, dass der Mensch so viele Muskeln und und Knochen besitzt. Doch jetzt spürte ich sie alle. Und das wohl die nächsten 40 Jahre.

War es die richtige Entscheidung? Mir kamen erste Zweifel.

In den ersten 2 Monaten sagte ich mir jeden Abend, dass ich da nicht mehr hingehen werde. Doch der nächste Morgen brachte die Gewissheit.

Ich muss los. Los in die Knochenmühle.

Doch dann bekam ich den entscheidenden Kick. Ein älterer Geselle sagte mir, dass ich mit den Augen klauen soll. Da ich nicht auf den Kopf gefallen bin, war mir direkt bewusst, was er meinte.

Salat putzen wurde für mich zur Nebenbeschäftigung. Ich machte meine Arbeit, aber ich schaute genau hin, was die anderen so machten.

Die Abläufe wurden mir klar.

Pensionsessen und a la Carte. Ganz schön viel zu merken.

Ich fing an die Speisenkarte auswendig zu lernen.

Dann fing der Chefkoch an, uns jeden Tag nach der Speisenkarte zu fragen. Da ich gut lernen kann, wusste ich zum Glück immer alles, was gefragt war. Zudem hatte ich auch etwas Angst vor meinem Chefkoch. Er war eine große Erscheinung. Und streng, so schien mir.

Der Umgangston in der Küche ist hart. Das hatte ich zuvor schon gehört.

Der Chefkoch hatte einen Lehrling im dritten Lehrjahr auf seinem Posten.

Ich bekam jeden Tag mit, wie er ihn anging und ihn beschimpfte. Meine Unsicherheit wuchs.

Ist es wirklich das Richtige? Was soll ich nur machen?

Am besten flüchten und nichts wie weg.

6.0 Mein erster Erfolg

Ich hatte mich grade an meine Arbeit gewöhnt. Das Salat putzen und reinigen von Arbeitsgeräten konnte ich. Ich wusste was so läuft in meinem Betrieb.

Eines stimmte mich nachdenklich. Ich redete plötzlich von meinem Betrieb. Und damit meinte ich diese Knochenmühle, die mir bis jetzt so viel Schmerz und Angst gab.

Was stimmt nicht mit mir?

Na ja. Man gewöhnt sich an alles.

So wohl, auch an so etwas.

Von ehemaligen Schulkollegen wurde ich belächelt, da ich bis spät abends arbeiten musste, jeden Feiertag, Sonntag und das noch für viel weniger Geld als alle anderen.

Ich dachte mir, dass ich da jetzt durch muss. Abbrechen war jetzt keine Option. Was sollte ich denn sonst tun? Also weiter machen.

Der Alltag hatte mich voll im Griff. Doch plötzlich musste ich in die kalte Küche.

Oh Gott.

Schnell nochmal die Speisenkarte durchgehen. Welcher Salat kommt zu welchem Gericht?

Wie sahen noch die Vorspeisen aus, die ich ja bereits so oft mit den Augen geklaut hatte. Mache ich wohl alles richtig?

Doch ich hatte Glück. Ein sehr nettes Mädchen, auch in der Ausbildung, war mit mir zusammen auf dem Posten.

Ich kam recht schnell mit den Anforderungen zurecht. Und es machte Spaß, ja so richtig Spaß. Endlich wusste ich, wofür das Ganze gut war.

Doch ein Erlebnis zeigte mir recht schnell, dass es in der Gastronomie auch Hierarchien gibt, die mich an das letzte Jahrhundert erinnerten.

Wir mussten jeden Tag nach dem Anruf der Besitzer, das Frühstück, auf einem Tablett serviert, hoch bringen.

Rechts die Zeitung unter dem Brotkorb. Links die Aufschnitt- und Käseplatte. Dazu nach belieben der Besitzer Tee, Kaffee und sonstige Sachen.

Hoffentlich vergesse ich nichts, sagte ich mir immer. Ich wollte ja nichts falsch machen. Das wäre schlecht und würde wohl den Zorn der Besitzer heraufbeschwören.

Ich dachte mir, es gibt doch die zwei Klassen Gesellschaft. Aber was soll es. Der Alltag musste weiter gehen.

Ich brachte das erste mal das Frühstück rauf. Ich hatte offensichtlich an alles gedacht. Ich klopfte an und wartete auf ein Zeichen. Dann kam die Chefin und öffnete mir die Tür. Ich sagte freundlich, wie ich es gelernt hatte, guten Morgen und lächelte.

Die Chefin bat mich, das Frühstück neben der Tür abzustellen. Ich wünschte ihr noch einen schönen Tag.

Geschafft.

Ich konnte meinen Alltag weiter erleben.

Im Nachmittag kam der Chef dann in die Küche. Ich ahnte nichts Gutes. Er kam doch sonst nicht in die Küche. Zudem war ich alleine.

Zu wem wollte er? Ist doch niemand hier.

Doch!　　　Ich!

Er wollte tatsächlich zu mir. Dann kam die erste Ernüchterung, die mich wieder zweifeln lies, ob ich wirklich den richtigen Beruf gewählt hatte.

Er sagte, wenn ich das Frühstück hochbringe, so solle ich demnächst gefälligst das Tablett direkt neben der Tür abstellen, klopfen und mich sodann geschwind entfernen.

Mir fiel die Kinnlade herunter.　Das ist jetzt mein neues Leben?

Ich entschuldigte mich, wenn auch mir nicht genau klar war wofür.

Na ja. Das Leben muss weiter gehen. Und. Es ging weiter.

7.0 Ich wachse hinein

Schnell merkte ich, dass der Posten in der kalten Küche mir lag.

Die Salate anrichten, verschiedene Desserts herstellen, Garnituren vorbereiten und vieles mehr. Ich blühte auf.

Da ich auch der Chefin zuarbeitete und ihr die Garnituren vorbereitete, verlor ich auch langsam die Angst, die ich immer hatte.

Manche Garnituren belächelte ich mittlerweile, da ich wusste, was zu welchem Gericht passt. Aber, so sagte ich mir, wer die Musik bezahlt, der kann sich auch die Stücke wünschen.

Also bekam die Chefin ihre Cocktail Kirschen als Garnitur zum Hirschragout.

Im großen und ganzen wurde es ruhiger, so schien es mir.

Rückblickend war es aber wohl eher die Routine, die sich bemerkbar machte.

Die Berufsschule habe ich als Erholungstag gesehen. Hier konnte ich all die anderen Leidensgenossen treffen und mich austauschen. Wie mir schien, hatte ich es wohl doch nicht so schlecht getroffen.

Da war dann noch das Berichtsheft.

Keiner zeigte mir, wie und was ich zu schreiben hatte. Das machte mich unsicher. Aber ich hatte ja meine Kollegen in der Berufsschule.

Frage ich einfach, so sagte ich mir.

Ein Kollege zeigte mir bereitwillig sein Heft. Was ich dort zu lesen bekam, erschreckte mich zunächst.

Was?

Mein Kollege machte schon so komplizierte Dinge. Das gibt es nicht. Ich fühlte mich, als hinkte ich hinterher. Bin ich eventuell doch im falschen Betrieb?

Nein!

Am Ende seiner Ausführungen zum Zerlegen von Fleisch und dessen anschließender fachgerechter Zubereitung stand in Klammern geschrieben: (Nur zugeschaut).

Also war ich mir sicher, dass mein persönlicher Stil in der Führung des Berichtsheftes doch der Richtige war.

8.0 Mein zweiter Posten

Grade als ich mich auf meinem Posten in der kalten Küche so richtig sicher und wohl fühlte, musste ich plötzlich an den Herd.

Wie war das noch? Welche Beilagen kamen zu welchem Gericht?

Oh Gott.

Wieder eine Veränderung. Ich hasse Veränderungen. Kann ich nicht einfach in der kalten Küche bleiben? Wo ich mich doch so wohl und sicher fühlte.

Nein.

Es musste weiter gehen. Ich hatte doch noch so viel zu lernen für meinen Beruf.

Der Chefkoch machte einen strengen Eindruck. Wie er mit dem älteren Lehrling umging. Hoffentlich geht das gut!? Na ja. Ich sagte mir, dass ich da jetzt durch muss. Freundlich bin ich ja eh. Und Widerworte, wie mein Kollege, nein das lag mir nicht.

Da war er nun. Mein erster Tag am Herd.

Was soll ich sagen. Es lief gut. Ich kannte die Karte. Und die hatte es in sich.

An einer Säule in der Küche hing ein Exemplar in Klarsichtfolie verpackt. Auf einer Strecke von circa 2,20 Meter fand man mannigfaltige Speisen. Von Suppen wie Moc Turtle Soup bis Tomatencremesuppe. Vorspeisen und Salate, die ich ja bereits kannte und die für mich noch neuen warmen Speisen.

Zudem noch eine Saisonkarte und die Karte für die Pensionsgäste.

Die Wochen Menues krönten das Ganze.

Das muss ich noch erzählen :

Im Lager hatten wir sogar noch zwei winzige Konservendosen stehen mit echter Schildkrötensuppe. Diese Sachen waren zum Glück schon vor Beginn meiner Lehre verboten worden. Man muss ja auch nicht alles essen.

Die ersten Bestellungen kamen rein. Das Bonbrett füllte sich. Und ich, ich lief was das Zeug hält, um meinem Küchenchef die reichhaltige Auswahl an Beilagen zur Verfügung zu stellen.

Der erste Tag war geschafft. Ich war stolz darauf, alles behalten zu haben. Fehler macht man ja nicht gerne. Und der Küchenchef war nicht so schlimm, wie anfangs befürchtet.

Die folgende Zeit merkte ich schnell, worauf es ankommt. Ich lief wie ein Irrer, um die Beilagen im richtigen Moment am Platz zu haben.

Und eines Abends fühlten sich meine Füße beim Küche schrubben ziemlich feucht an. Ja, die Schuhe waren durchgelaufen. An diesem Posten benötigte ich also alle 2 Monate neue Schuhe, so mein Fazit. Und wo ich mir grade Gedanken über Einkäufe machte, einen Satz Messer brauchte ich auch noch.

Mein Gehalt, wenn man das so nennen darf, belief sich auf circa 450 D-Mark. Natürlich Brutto und ohne Verpflegung. Übrig blieben circa 390 D-Mark Minus Verpflegung. Also hatte ich am Ende 310 D-Mark. Das sind nach heutiger Währung ungefähr 150 Euro. Nicht grade viel. Aber ich war ja auch sparsam. Und so konnte ich mir nach ein paar Monaten sogar diesen, vorerst kleinen Messersatz leisten. Gekostet hat er, so glaube ich, ungefähr 380 D-Mark.

Die Lohnabrechnung bekamen wir als Lohnstreifen.

Einige von uns hatten kein Konto und bekamen daher eine Lohntüte. Und das im Jahr 1985. Für mich war das unvorstellbar.

Doch genug abgeschweift. Ich kam soweit klar und fühlte mich wohl auf meinem neuen Posten. Der Chefkoch hatte mich sogar schon gelobt. Er sagte, dass ich in 3 Monaten mehr gelernt habe, als der andere Lehrling in fast 3 Jahren.

Das baute auf.

Irgendwie hatte ich doch schon einmal dieses Gefühl der Sicherheit.

Und dann musste ich aus meiner Sicherheit heraus, um etwas Neues zu lernen.

Bitte nicht schon wieder. Ich hasse doch Veränderungen.

Es kam,wie es kommen musste.

Der Fleischposten stand an nächster Stelle in meinem Ausbildungsplan.

Ich war schon gespannt, was auf mich zukommen würde.

9.0 Der Fleischposten

Aus meiner Erinnerung heraus war dieser Posten körperlich sehr anstrengend.

Wir bekamen ganze Rinderviertel, Schweinehälften und ab und zu von Jägern aus der Region Wildschwein und Reh.

Jetzt fing es an. Fleischteile lernen. Wie löse ich aus? Was mache ich aus den einzelnen Fleischteilen?

Die Speisenkarte, die ich ja bereits aus meinen anderen Posten kannte, wurde für mich genau so zum alltäglichen Werkzeug, wie meine Messer, mit denen ich gefühlt Tonnenweise Fleisch verarbeitete. Und alles wurde frisch gemacht. Zusatzstoffe kannten wir nicht.

In dieser Abteilung ist es teilweise sehr kalt in den Kühlräumen und am Kipper, der großen Bratpfanne, auch unheimlich heiß.

Es musste schnell gehen. Der Gast möchte zufrieden sein. Zum ersten mal spürte ich den Stress und den Druck in diesem so harten Beruf. Doch ich merkte auch, dass ich mir oft den Stress selbst machte. War es die Angst, dass der Gast nicht schnell seine Bestellung bekam? Oder, dass ich etwas falsch machte? Nein.

Fehler kamen für mich nicht in Frage. Wenn etwas schief lief, wurde es tagelang mitgeschleppt. Das belastete zusätzlich. Aber es muss anscheinend so sein in diesem Beruf.

Wenn ich meinen Fleischposten vorbereitet hatte, war meistens noch etwas Zeit um andere Vorbereitungen zu treffen. Also ging ich in die Backecke und machte noch schnell ein paar Kroketten.

Ja. Kroketten und andere Sachen, die wir heute nur noch als vorbereitete und tiefgefrorene Ware kennen, die haben wir alle selbst und ohne irgendwelche Chemie oder künstliche Zusätze zubereitet.

Nur Pommes Frites nicht. Die gab es bereits geschnitten zu kaufen. Aber die Maschine für die Pommes Frites , die hatten wir noch. Ein älterer Lehrling erzählte mir, dass er zu Beginn seiner Ausbildung noch täglich damit gearbeitet habe.

Auch die Zeit an diesem Posten verflog sehr schnell. Und irgendwann kam der Übergang. Ich war plötzlich überall. Jeder Tag brachte etwas Neues. Ich kannte mich auf allen Posten aus und langsam kam auch die Routine. Stress und Druck, die gab es immer noch. Aber ich merkte, dass ich es brauchte. Anerkennung war wohl meine treibende Kraft.

10. Die Zwischenprüfung

Wie gesagt. Ich war sicher auf all meinen Posten und genoss es, gebraucht zu werden. Alles lief glatt. Der Alltag konnte mir nichts mehr anhaben. Nur eine Sache, die löste jedes mal kalten Schweiß aus, wenn ich daran dachte.

Meine Zwischenprüfung stand bevor.

Hatte ich genug gelernt? Plötzlich bekam ich den Eindruck, dass ich zu wenig gelernt hatte. Die Unsicherheit wuchs mit jedem Tag, den die Prüfung näher kam. War es etwa Prüfungsangst, die mich belastete?

Aber, so habe ich es in meinem bis dato kurzen Berufsleben gelernt, es kommt immer etwas Neues und es geht immer weiter, egal wie.

Also gut. Ich musste da durch. Es wird ja schon nicht so schlimm werden. Ist ja nur die Zwischenprüfung, die Probe für den Ernstfall sozusagen.

All das sagte ich mir, um mich zu beruhigen.

An den Tag der Zwischenprüfung kann ich mich irgendwie nicht mehr so richtig erinnern. Schlechte Dinge verdrängt man ja auch gerne.

Es lief auch irgendwie wohl nicht so optimal. Vielleicht waren es ja auch meine mittlerweile hohen Ansprüche, die ich an mich selbst stellte.

Aber geschafft ist geschafft. Jetzt wusste ich wenigstens genau, worauf es bei einer Prüfung ankam.

Weiter ging es mit meinem mittlerweile ach so vertrauten Alltag.

Die Zeit bis zur Prüfung ist mir irgendwie abhanden gekommen. Ich glaube es lag daran, dass mich der Alltag voll im Griff hatte.

Bis zur Prüfung selbst. Da kam sie wieder. Diese Angst, dieses Unwohlsein, sobald ich an diesen, so entscheidenden Punkt in meinem Leben dachte.

Ich glaube, ich habe noch niemals im Leben so viel gelernt, wie für diese Prüfung. Theorie war nicht mein Problem. Gelernt habe ich immer gerne. Und das mit dem Merken kannte ich ja seit geraumer Zeit von der Speisenkarte. Aber die Praktische Prüfung, die erfüllte mich mit Angst.

11. Die Prüfung und die ersten Schritte als Geselle.

Nun, der Tag der praktischen Prüfung war schon ein besonderer.

Wir wussten ja damals nicht, was auf uns zukam. Es konnte alles sein.

Die Vorbereitungen für diesen Tag liefen planmäßig ab. Ich schrieb mir eine Checkliste um ja nichts zu vergessen.

Und dann war es soweit. Der Tag der Abschlussprüfung war da. Dieser Tag sollte nun über meine weitere Zukunft entscheiden. Ich war mir sicher, wenn ich das nicht schaffe, mache ich nicht weiter. Dann war es das halt.

Wir kamen im Prüfungsraum der Berufsschule an. Ich glaube, es waren 6 Auszubildende. Jeder trug seine besten Kochsachen. Alles strahlte. Jetzt nur keinen schlechten Eindruck machen. Die Prüfer schauen ja auf alles und das ganz genau.

Nach der Begrüßung durch den Prüfungsleiter wurden uns umgedrehte Zettel hingehalten. Jeder sollte einen dieser ach so schicksalhaften Zettel ziehen.

Meine Kollegen schnappten direkt nach den Zetteln. Auf jedem stand etwas anderes, das innerhalb der Prüfung zubereitet werden musste.

Ich zögerte noch und die Zettel wurden weniger. Ich schaute in die ersten betroffenen Gesichter meiner Kollegen. Doch was war jetzt geschehen? Es war kein Zettel mehr da. Jeder Prüfling hatte einen abbekommen. Nur ich nicht? Schlagartig wurde mir warm. Grade als ich nach einem Zettel für mich fragen wollte, bemerkte der Prüfer den Fehler. Kurzerhand nahm er sich ein leeres Blatt und schrieb eine Prüfung für mich auf.

So, jetzt hatte ich auch etwas in der Hand.

Bevor wir jedoch anfangen konnten, kam vom Prüfer die Frage, ob jemand gerne seinen Zettel mit einem anderen Prüfling tauschen wolle. Wir schauten uns an und wussten erst nicht, was er damit meint. Dann wurde es uns klar.

Aber mit Ausnahme von einem Kollegen wollte niemand tauschen, so auch ich nicht.

Ich setzte mich sofort hin und schrieb die Materialanforderung auf ein leeres Blatt.

Ich bekam auch nur das, was ich schriftlich angefordert hatte.

Alles lief soweit ganz gut. Ich hatte glasierte Kalbskeule, Spargel und ein Dessert zu machen. Die Beilage waren, so glaube ich, tournierte Kartoffeln.

An das Dessert kann ich mich irgendwie nicht mehr erinnern. Aber die Kalbskeule wurde super. Auch den Spargel konnte ich fachgerecht zubereiten. Vom Schälen und portionsweise Binden bis zur Herstellung der Sauce Hollandaise.

Alles war geschafft. Ich hatte eine saubere und ordentliche Arbeit abgeliefert, sagte ich mir im Stillen.

Dann das Warten auf die Ergebnisse.

Habe ich schon gesagt, dass ich nicht gerne warte?

Hoffentlich hatte alles geklappt und ich war durchgekommen mit der ganzen Arbeit.

Und tatsächlich, die vielen Tage und auch Nächte, die ich meinem Betrieb immer geopfert hatte, sie hatten sich gelohnt.

Hurra!! Ich hatte bestanden.

Nie mehr Schule, ich war jetzt Geselle. Jetzt konnte es weiter gehen.

Ich durfte sogar noch etwas im Lehrbetrieb bleiben, um mir in Ruhe etwas passendes zu suchen.

Es war schon ein komisches Gefühl, dass jetzt mein Lehrmeister plötzlich mein Kollege war. Und es funktionierte, wir verstanden uns und arbeiteten gut zusammen.

Mein Gehalt als Geselle lag Netto bei so ungefähr 980 D-Mark. Das sind heute in Euro circa 480 Euro. Nicht grade viel, aber es war halt eine andere Zeit.

Jetzt konnte ich mir etwas besonderes gönnen. Das hatte ich mir vorab fest vorgenommen.

Meine erste eigene Lederjacke. Ich hatte sie schon vor Monaten im Schaufenster eines Bekleidungsgeschäftes entdeckt. Sie war wirklich schön.

Im Geschäft erfuhr ich dann, dass die Jacke meines Begehrens einen Farbfehler hatte und ich daher noch einen Rabatt bekam. Na super, grade dieser Farbfehler gefiel mir doch so gut. Er verlieh meiner Jacke das Besondere.

Und dann noch Geld sparen, gut, so konnte es weiter gehen.

Die erste Zeit als Geselle genoss ich so richtig.

Ich war fertig mit dem ständigen Lernen, der Berufsschule und dem Berichtsheft.

Eines jedoch fehlte mir ein wenig. Der Tag der Berufsschule war immer die pure Erholung für mich.

Zudem konnte man sich mit den damals noch vielen Leidensgenossen austauschen. Der Kontakt zu meinen Schulkollegen wurde weniger und verebbte nach einiger Zeit aber leider ganz.

Ich denke mal, so ist es wohl oft im Leben. Einige wenige Kontakte bleiben aber zum Glück immer bestehen.

Als dann ein neuer Lehrling eingestellt wurde, tat mir dieser zunächst etwas leid.

War ihm bewusst, auf was er sich da eingelassen hatte?

Aber auch er musste seine Erfahrungen sammeln, sagte ich mir.

Ich merkte aber auch selbst sehr schnell, dass auch ich, obwohl ich doch jetzt ein richtiger Koch war, noch viel lernen konnte.

Ja, das ganze Leben ist ein ständiger Lernprozess.

Stillstand war für mich immer auch ein Rückschritt.

Also kam es, wie es kommen musste.

Der Tag war gekommen, um von meinem ach so vertrauten Lehrbetrieb, den ich durch meine Arbeit mitgestalten konnte, Abschied zu nehmen.

Hier konnte ich leider nicht weiter kommen, nichts neues dazu lernen.

Auch wenn es mir schwer fiel. Der Gedanke an etwas Neues beschäftigte mich immer mehr. Natürlich auch verbunden mit etwas Angst. Aber das gehört zum Neuen und Ungewissen wohl auch dazu.

Der Alltag wurde langweilig für mich, da ich täglich die selben Handgriffe fast schon blind beherrschte.

Das konnte es nicht sein, so dachte ich mir. Das soll das Ergebnis für die ganze harte Arbeit der letzten Jahre sein?

Und das jetzt noch 40 Jahre lang? Etwas Neues musste her. Einen Wechsel, einmal neue Gesichter sehen, etwas dazu lernen. Mal über den Tellerrand schauen, wie man so sagt.

Das war wohl der Antrieb für meinen ersten beruflichen Wechsel.

12. Die neue Stelle

Mein erster Wechsel war perfekt. Ich hatte etwas Passendes gefunden, nicht allzu weit entfernt.

Es war ein sehr nobles Hotel. Den Hotelier selbst hatte ich nie gesehen. Er hatte einen Sekretär oder Verwalter an seiner Stelle mit der Leitung des Hotels betraut.

Im Restaurant waren nur edelste Materialien verarbeitet. Wir konnten dort des Abends maximal 40 Gäste verwöhnen.

Mein erster Posten war auch dort die kalte Küche und die Verantwortung für die leckeren Desserts und die Vorspeisen.

An eine Vorspeise kann ich mich noch genau erinnern.

Ja. Der Grund war vielleicht auch, das es so lecker war.

Eine Vorspeise aus Wildkräutersalaten mit einem Balsam-Essig-Dressing und frisch aus dem Ofen geräucherte Barbarie Entenbrust.

Dazu musste ich im Keller die Räucherbox aktivieren. Die Zubereitung dauerte ungefähr 20 Minuten. Aber unsere Gäste hatten ja auch viel Zeit.

Es gab zu vor noch eine kleine Gabe des Hauses und die Mini Brötchen mit Schmand, Schmalz oder Kräuterbutter.

Beides wurde natürlich auch mit Fachbegriffen benannt, die das Erscheinungsbild der Mahlzeiten zusätzlich noch unterstreichen sollte.

Die kleine Gabe des Hauses war das Amouse-Bouche und das selbst gemachte Brot oder die mini Brötchen, die wir selbst herstellten, wurde als Couvert zur Vorspeise gereicht.

Hier habe ich zum ersten Mal verinnerlicht, dass Essen auch ein Erlebnis sein kann.

Von da an habe ich immer einen Vergleich genannt, wenn jemand über das feine Essen lästerte. Ich sagte solchen Leuten, wenn sie einfach nur Hunger hätten, sollten sie doch an ihren Kühlschrank gehen und eine Bockwurst essen.

Die macht ja bekanntlich auch satt.

Wer aber ein besonderes Erlebnis, verbunden mit einer außergewöhnlichen Gaumenfreude haben möchte, der solle zu uns kommen.

Alleine die Dessertteller, die natürlich ein besonderes Design hatten, ja diese Teller, nur die hatten einen Materialwert von 180 D-Mark pro Stück.

Ich war ohnehin schon immer vorsichtig mit den mir zur Arbeit anvertrauten Sachen. Aber das war für mich schon eine Hausnummer.

Einen richtigen Küchenchef hatten wir dort nicht.

Einer der älteren Gesellen hatte sozusagen die Orientierung und gab die grobe Richtung vor.

Neue Ideen konnte jeder, so auch ich, einbringen.

Wenn es allen gefiel, wurde es in die Karte übernommen.

Es war wohl das erste Mal überhaupt, dass ich Pausen einhalten konnte. Wir hatten sogar eine Stempeluhr, die Minutengenau abgerechnet hat.

Man war von Anfang an fest in die Gemeinschaft aufgenommen. Und mein Gehalt war jetzt auch ein Richtiges.

Es hatte sich fast verdoppelt.

Hier will ich bleiben, sagte ich mir.

Auch der Wechsel auf einen anderen Posten machte mir mittlerweile keine Angst mehr. Am Herd wurde das gesamte Gemüse und die Kartoffeln tourniert. Es war eine sehr aufwendige Sache. Aber das Ergebnis konnte sich in jeder Hinsicht sehen lassen.

Beim Blick in die Speisenkarte konnte man schon erahnen, welche Gäste hier einkehrten. Nur die Kleinigkeiten drum herum kosteten schon ein Vermögen.

Ein Gläschen Vivil Armagnac 2cl 16,50 D-Mark und dazu eine Grand Marnier Zigarre für 35 D-Mark.

Das konnte sich wirklich nicht jeder leisten.

Beim Essen traute ich mich gar nicht erst zusammen zu rechnen, was auf mich zukommen würde, wenn ich einmal als Gast in diesem Gourmet Tempel dinieren würde.

Es passte wirklich alles.

Doch wie immer, wenn man sich so richtig wohl und sicher fühlt, passiert irgend etwas, dass einen aus dem Gleichgewicht bringt.

Eines schönen Tages wurde von der Geschäftsführung ein Chefkoch angeworben und eingesetzt.

Es schien mir, als wäre es seine erste Stelle mit richtiger Führungsverantwortung.

Doch anstatt das Team, dass bis dato so toll funktionierte, kennen zu lernen und zu fördern, fing es durch sein dazu tun an, zu zerfallen.

Anfangs dachte ich noch, was geht es mich an, wenn die sich streiten. Als dann unser ältester Geselle die Firma verließ, suchte der neue Küchenchef sich sein nächstes Opfer aus.

Ich war es zum Glück nicht. Aber wie sollte es weiter gehen? Denn auch der nächste Kollege ging.

Ich biss die Zähne zusammen und sage mir, dass ich jetzt da durch muss. Schließlich hatte ich auch schon andere Dinge gemeistert.

Ich erlebte, wie ein Kollege nach dem anderen ging. Meine letzte Hoffnung lag beim Geschäftsführer. Irgendwie musste er doch merken, dass immer mehr Leute gingen. Selbst vom Service verließen uns die Leute. Es waren 11 Mitarbeiter, bis auch ich keinen Sinn mehr in einer weiteren Mitarbeit sah.

Ich hörte mich nebenher nach neuen Stellenangeboten um.

Dann bekam ich ein Angebot.

Es war eine Gastronomie in einem alten Schloss. Alles hörte sich gut an, auch wenn es erst eine Saisonstelle war.

 Aber egal, mein Fluchtinstinkt war geweckt.

Es tut jedes mal weh, seine Komfortzone zu verlassen. Genau so schwer war es auch für mich zu kündigen.

Aber es musste sein. Die Zahl der möglichen Opfer wurde weniger. Ich wollte nicht auch noch unter diesem Schwachsinn leiden müssen.

Nachdem ich die Kündigung abgegeben hatte, musste ich nachmittags plötzlich noch zum Chef ins Büro.

Na, mal schauen was der sagt, dachte ich noch bei mir.

Es war nicht nur der Chef, nein auch sein Chef war vor Ort. Beide waren sehr nett und versuchten zu ergründen, warum so viele Mitarbeiter den Betrieb verlassen hatten. Ich war ganz offen und erzählte, was die letzte Zeit so abgelaufen war. Was sollte mir schon passieren? Ich hatte doch eine neue Stelle.

Trotz des netten Gesprächs stand ich zu meinem Entschluss. Ich wollte weiter ziehen.

Nach einer größtenteils sehr schönen Zeit, in der ich auch viel dazu gelernt hatte, ging es also weiter in diesem ach so spannenden Beruf, der täglich neue Überraschungen bereit hielt.

So wurde es wenigstens nicht langweilig. Und eines hatte ich mir da schon fest vorgenommen. Ich nehme nur immer die guten Sachen mit. Die schlechten Erfahrungen, nein, damit wollte ich mich nicht belasten.

Rückwirkend gesehen war dies aber nicht immer möglich. Ich habe in der folgenden Zeit sehr viel in mich aufgenommen. Viel Gutes, aber eben auch manches Schlechte.

13. Auf ins Schloss

Na. Da war ich nun auf meiner neuen Stelle. Etwas weit von zu Hause entfernt.

Aber alles nette Kollegen und eine Unterkunft im Schloss stand mir auch zur Verfügung.

Wohnen im Schloss, das hat doch was, dachte ich mir und war stolz auf mich, eine solche Stelle ergattert zu haben.

Doch direkt am ersten Tag, dem Tag meiner Anreise, kam die erste Ernüchterung.

Das Zimmer im Schloss, von dem ich sogar Tage zuvor geträumt hatte, entpuppte sich als Verlies.

Übernachten hinter Meterdicken und kalten, blassen Wänden mit Etagenklo.

Nein, das war wirklich nichts für mich. Aber ich war ja kompromissbereit. Für die Saison geht es und wenn ich alle zwei Tage nach Hause fahre, komme ich zurecht, so beruhigte ich mich.

Beim Arbeiten lief alles wie gewohnt. Ich fand mich recht schnell zurecht.

Nach kurzer Zeit wurde ich wieder auf allen Posten eingesetzt.

Nur eines, das war ich nicht gewohnt. Es wurde alles von den Altgesellen vorgegeben. Eigene Vorschläge waren nicht gefragt.

Wenn ich mich trotzdem traute, etwas Neues, eventuell sogar Besseres vorzuschlagen, bekam ich maximal ein müdes Lächeln und es blieb alles so wie gewohnt.

Nach kurzer Zeit hätte ich mit verbundenen Augen alle Dinge zubereiten können, da sich wirklich nichts, aber auch gar nichts änderte.

Das war nicht meine Motivation.

Was ich dort neu lernte, war die Zubereitung von frischem Fisch. In dem Fall Forellen. Und wenn ich sage frisch, dann meine ich lebende Tiere, die ich auf Bestellung töten und verarbeiten musste.

Nach dem einen oder anderen Blutrausch wurde ich also zum Auftragskiller für die gehobene gastronomische Gesellschaft.

Die Zeit verflog auch hier sehr schnell. Es war ja zum Glück nur für eine Saison.

Ich hatte Angst, dass ich bei längerer Verweildauer dort völlig verblöden würde.

Es war für mich eine Art Luxusfabrik die nach außen glänzte. Aber hinter den Meter dicken Mauern fand nur eine einfache Massenabfertigung statt, so mein Eindruck.

Nein, das wollte ich nun wirklich nicht auf Dauer über mich ergehen lassen. So stellte ich mir immer die Fließbandarbeit in einer anonymen Fabrik vor, hinter deren dicken Toren massenweise fabriziert wurde.

Ich habe den Beruf des Kochs immer mit eigener Kreativität verbunden. Je mehr Vorschriften es gibt, desto eher bleibt dabei die Fantasie und Kreativität auf der Strecke.

Ich war ja quasi noch am Anfang meines Berufslebens und wollte noch sehr viel dazu lernen. Das hatte ich mir so vorgenommen.

Nun, da ich nur Gutes mitnehmen wollte, war ich froh, auch mal diese Seite der Gastronomie, wenn auch zum Glück nur kurz, kennen gelernt zu haben.

Und die Suche nach einer neuen Herausforderung ging weiter.

14. Der bevorstehende Wehrdienst

Die weitere Suche nach einer für mich geeigneten Stelle gestaltete sich völlig unerwartet schwieriger als gedacht.

Ich war doch motiviert, ausgelernt und bereit für neue Aufgaben. Wer sollte da schon nein sagen.

Ich hatte ja auch immer gute Zeugnisse vorzuweisen. Ich bin Koch und bereit, also her mit den Angeboten.

Eines war nur komisch.

Jedes Vorstellungsgespräch verlief super. Ich war immer genau der, den die Hotels suchten.

Bis die Frage aufkam, ob ich denn schon meinen Wehrdienst abgeleistet hätte.

Oder, von älteren Arbeitgebern die Frage kam:

" Haben Sie denn schon gedient? "

Also, eine feste Zusage war irgendwie nie drin.

Warum auch immer. Ich musste dem jetzt auf den Grund gehen und mich am Besten direkt am Ort des Übels erkundigen. Fragen kostet ja nichts, sagte ich mir.

Es ging auf zur Bundeswehr.

Zuvor hatte ich mir noch aus dem Telefonbuch die entsprechende Nummer gesucht und einen Termin bei einem Hauptfeldwebel im Kreiswehrersatzamt vereinbart.

Es war schon aufregend. Überhaupt immer, wenn man irgendwo zu Ämtern musste, hatte man so ein ungutes Gefühl. Auch der oft chemische bis muffige Geruch, der in diesen Gebäuden wie eine Mauer stand, löste ein gewisses Unbehagen aus.

Doch dann kam die Überraschung.

Das Kreiswehrersatzamt war ein nahezu neues Gebäude und die Leute dort waren sehr höflich. Meine bis zur Ankunft noch nassen Hände wurden wieder trocken.

Mein Gegenüber, ein gestandener Hauptfeldwebel, beriet mich umfassend und gut über die Möglichkeiten bei der Bundeswehr.

Ich war so begeistert, dass ich mich plötzlich nicht mehr, wie zuvor von mir angedacht, nur für die Ableistung meines anstehenden Wehrdienstes interessierte.

Nein.

Ich wollte zur Bundeswehr. Eines machte mich jedoch stutzig. Der nette Hauptfeldwebel fragte mich direkt, warum ich mit so guten Zeugnissen zur Bundeswehr möchte.

Ich erklärte ihm, es sei für mich bei Bewerbungen eine große Hürde, den Wehrdienst noch nicht geleistet zu haben, daher dieser Schritt.

Dann kam, so circa drei Wochen später, ein amtliches Schreiben aus Düsseldorf ins Haus.

Es war an mich adressiert. Die Hände wurden direkt wieder feucht und zudem kam noch so ein Gefühl im Magen auf.

Es war die Einladung der Bundeswehr zum Eignungstest.

Dieser war auf drei Tage angesetzt. Es wurde mir genau mitgeteilt, was ich für diese Zeit mitbringen musste.

Irgendwie schon cool, die dachten genau wie ich.

Planmäßig und Zielgerichtet.

Das war mein Ding.

Das Datum kam näher und ich war zwar aufgeregt, aber auch etwas gespannt auf das Neue, noch Unbekannte, was dort auf mich wartete.

Als ich in Düsseldorf ankam, lief alles nach Plan und genau wie im Brief angekündigt.

Wir waren schon eine bunte Truppe. All diese Leute, die eigentlich aus allen Bevölkerungsschichten und Berufen kamen. Auch einige Schüler waren dabei. Das sollte mir was werden.

An einen Sonderling kann ich mich noch sehr gut erinnern. Er war total durchgestylt und fuhr einen Porsche.

Die erste Frage, die er einen der anwesenden Offiziere stellte, war, ob er denn abends immer nach Hause fahren könnte. Wir Anderen schauten uns nur fragend an und lächelten in uns hinein.

Ein anderer war ein, wie man später im Bundeswehr-Jargon sagte, Heißbrenner. Ich glaube, er hätte sich im Falle eines Krieges in erster Linie aufstellen lassen. Dazu war er noch sportlich durchtrainiert.

Na ja.

Und dann ich.

Eher unsportlich und etwas mehr auf den Rippen. Halt ein richtiger Koch. Ich wollte ja auch nur kochen.

Ich muss mich korrigieren. Ich war nicht nur unsportlich, ich hasste jede Art von sportlicher Betätigung. Wenn ich noch an den Schulsport dachte, wurde mir übel.

Mein Körper war wohl auch von Natur aus nicht für sportliche Aktivitäten geschaffen.

Wie gesagt, unser Haufen war eine bunte Mischung.

Über die drei Tage dauernden Tests verstanden wir uns alle prächtig. Nur den Porsche Fahrer hatte ich nicht mehr gesehen. Er hatte sich wohl schon umentschieden.

Dann kam der Tag der Entscheidung.

Wir versammelten uns alle nach dem Frühstück vor einem Raum, in dem uns einzeln, in persönlichen Gesprächen, die Ergebnisse mitgeteilt wurden.

Im Raum saßen ein Sport Offizier, ein Personal Offizier, ein Psychologe, ein Arzt und der Militär Geistliche.

Vor dieses Tribunal, auch wenn es mehr als drei waren, musste ich nun auch treten.

Als ich den Raum betrat und in die Runde schaute, übernahm der Sport Offizier direkt das Wort.

Nun, wie Sie sich sicher auch selbst denken können, sind ihre sportlichen Leistungen für die Tonne, erzählte er mir kurz und knackig. Ich bejahte dies. Ich bin und war halt noch nie ein Sportler, fügte ich hinzu.

Dann übernahm der Personal Offizier das Wort, um das plötzlich ins Stocken geratene Gespräch wieder in Gang zu bringen.

Er fragte mich, ob ich mir denn vorstellen könnte, nicht wie von mir gewünscht, In der Verwendung als Koch, sondern in einem anderen Aufgabenbereich einen Einsatz zu finden.

Ehrlich wie ich war, verneinte ich dies sofort. Ich fügte hinzu, wenn Sie mich nicht wollten, dann ginge ich zur Konkurrenz und kochte im Krankenhaus.

Hauptsache war ja für mich, auch weiterhin als Koch tätig zu sein.

Der Psychologe lies seinen Kugelschreiber fallen. Ihm fehlten die Worte. So etwas wie mich hatten die bestimmt noch nie erlebt.

Es kamen keine Fragen mehr. Ich hatte anscheinend alles gesagt.

Als ich den Raum verlassen durfte, fragten mich die Kollegen aufgeregt, ob die mich nehmen würden? Ich sagte, dass ich bestimmt raus sei, da ich meine Meinung gesagt hatte.

Dies erwies sich nach circa fünf Minuten Wartezeit als Fehleinschätzung meinerseits.

Ich wurde zurück in den Raum gerufen. Dort schaute ich in lächelnde Gesichter, die mir verkündeten, dass ich angenommen sei.

Nach einem Glückwunsch wurde ich zum Nebenraum weiter geschickt.

Dort saß der Einsatzplaner, der Zugriff auf die ganze Palette von möglichen Stellen in der Bundeswehr hatte.

Ihm lagen auch schon alle meine Papiere vor.

Er sagte mir, dass ich mit solchen Zeugnissen doch sicher gerne gut koche. Dies bejahte ich.

Er hatte gute Kontakte nach Siegburg.

Dort war das Wachbataillon, das ja für die damalige Regierung in Bonn zur Verfügung stand.

Dort hätte ich, laut seiner Aussage, die Möglichkeit, auch mal direkt für Kohl und Genscher zu kochen.

Das hörte sich doch gut an. Siegburg war zwar etwas weiter weg, aber nicht aus der Welt.

Bei der Frage nach der gewünschten Waffengattung sagte ich direkt, dass ich zur Luftwaffe wolle. Dies stellte kein Problem dar.

Ich hatte mich zum Glück vorab informiert, was damals noch ohne Internet und Handy geschehen musste.

Bei der Luftwaffe, wie ich hörte, war die Grundausbildung nicht so hart wie beim Heer, was meiner nicht grade sportlichen Figur sehr entgegen kam.

Zudem fand die Grundausbildung in Holland statt.

Das bedeutete mehr Geld, weil es eine Auslandszulage gab.

Ich kam so auf 3900 D-Mark pro Monat. Ein Spitzengehalt für eine Koch zu der Zeit.

Es gab nur ein Problem. Die Grundausbildung fand ab dem 1. April des folgenden Jahres statt.

Wir hatten aber grade Anfang Oktober.

Bewerben machte keinen Sinn, da ich damit ja bereits Erfahrungen gemacht hatte. Also auf zum Arbeitsamt. Vielleicht könnte ich die Zeit bis dahin irgendwie überbrücken? Mal sehen, wie die sich äußern, sagte ich mir.

Beim Arbeitsamt wurde ich eher kühl begrüßt. Ich hatte dort den Eindruck, dass Kunden hier nicht erwünscht sind und die Betriebsruhe eher stören.

Nein.

Solche Leute würden in der Gastronomie untergehen. Allenfalls quälte sich ein guten Tag über die Lippen der Beamtenschaft.

Den Rest des Gespräches dominierten Wortphrasen wie... Sie müssen.... wenn Sie nicht...und ... das ist Ihre Pflicht.

In Ordnung. Kein Problem. Ich kann gut organisieren. Die geforderten Unterlagen und Papiere waren bestimmt schnell besorgt.

Ich musste unter Anderem von allen Betrieben, in denen ich beschäftigt war, eine Bestätigung ausfüllen lassen. Direkt fuhr ich auf der Rückfahrt vom Arbeitsamt an meinem alten Lehrbetrieb vorbei.

Ich betrat den Ort, an dem alles begann, meine Karriere startete ja hier.

Als ich dem Chef den Zettel zum ausfüllen gab, sagte er nur zu mir:

" Du spinnst wohl....Arbeitslos gibt es für einen Koch nicht...warum fängst Du nicht für die Zeit bei mir an?"

Also, ich war überrascht.

Ich war gefragt als Koch. Meine Fähigkeiten waren etwas Wert. Über diese Wertschätzung freute ich mich so, dass ich schon am folgenden Tag in meinem Lehrbetrieb wieder anfangen konnte.

Es hatte sich nichts verändert. Ich war in Kürze wieder drin. Wusste ich doch, wo alles stand und wie die Abläufe waren.

Die paar Monate sind schnell vorbei. Und plötzlich war es wieder soweit.

Ein neuer Lebensabschnitt, die Bundeswehr stand an.

15. Bundeswehr und mehr

Die Bundeswehr hatte mich überzeugt. Es schien einfach alles zu stimmen. Das Gehalt, die Arbeit, einfach alles.

Das einzige, was mich zwischendurch noch zweifeln lies, war der sportliche Aspekt.

Wenn ich mir die durchtrainierten Soldaten ansah, ich war anders. Eher groß und breit, halt mehr wie ein Panzer.

Aber egal.

Ich hatte unterschrieben. Die nächsten vier Jahre brauchte ich mir um meine berufliche Zukunft keine Sorgen machen, war ich doch jetzt ein Zeitsoldat und Feldkoch.

Noch schnell ein paar Tage im alten Hotel arbeiten und dann auf zur Bundeswehr.

Aber ausgerechnet am letzten Arbeitstag in meinem alten Betrieb fiel mir ein Stück gefrorener Braten auf den Fuß. Es tat höllisch weh. Hoffentlich ist da nichts gebrochen, dachte ich mir. Zum Arzt gehen kam nicht in Frage.

Nicht, das er mich noch krank schreibt.

Was sollte die Bundeswehr dazu sagen.

Also wie immer. Zähne zusammen beißen und durch.

Am ersten Tag bei der Bundeswehr musste ich mich, wie im Einberufungsbescheid angekündigt, in Holland in der Kaserne zum Dienstantritt melden.

Ich muss sagen, die Bundeswehr kam mir irgendwie entgegen.

War doch hier alles klar gegliedert und geregelt. Ich war ja auch ein kleiner Pedant.

Die erste Woche verflog schnell. Wir wurden untersucht, bekamen unsere Uniformen und sonstiges.

Der Truppenarzt schaute sich auch meinen Fuß an, der mittlerweile in schillernden Farben leuchtete.

Dort machte ich auch die erste Erfahrung mit der Allheil Salbe der Bundeswehr namens Beta Isadona. Mir schien, diese Salbe war für alles gut. Trotzdem entzündete sich mein Zeh durch das Tragen der schweren Feldstiefel. Kurzerhand wurde ich vom Tragen dieser Stiefel befreit und trug fortan im Feld Turnschuhe.

Ich sah damit aus wie ein Freizeitsoldat. Aber mir war das egal, denn ich war dabei.

Die Grundausbildung bestand aus sportlichen Betätigungen, die im Feld oder auf dem Sportplatz statt fanden.

Genau das, was ich nicht wollte und was mir nicht lag.

Die Wanderungen durch die Natur lies ich mir ja noch gerne gefallen. Hatte ich doch schon früher, wenn ich frei bekam, immer die Natur durchstreift, um die Ruhe und die frische Luft zu genießen.

Nur das stupide Umlaufen eines Sportplatzes machte für mich keinen Sinn.

Dazu kam noch meine Kondition, die zwar für Stundenlange Wanderungen ausgelegt war, jedoch war mein Körper nicht für das Laufen geschaffen.

Aber egal.

Irgendwie musste ich diese Grundausbildung überstehen und bestehen. Wartete doch am Ende dieses Martyriums das Paradies auf mich. Es war die Truppenküche im Kanzleramt.

Natürlich hatten wir während der Grundausbildung auch Spaß.

Aber dieser fing erst nach Feierabend an. Im Mannschaftsheim konnte man des Tages Martyrium vergessen und mit dem einen oder anderen Bier herunterspülen.

Jedes Wochenende begann mit der Nato Rally.

Es hieß, wir durften nach Hause fahren. Meinen damals mit 45 PS und Sachs Federn ausgestatteten Opel Corsa quälte ich mit Höchstgeschwindigkeit in Richtung Heimat.

Ich wollte ja immer so schnell wie möglich die Heimat erreichen.

Damals war zum Wochenende das Ruhrgebiet sehr schwer zu durchqueren, da es fast überall lange Staus gab.

Ich hatte mir in meinem Opel Corsa ein Funkgerät installiert. Damit konnte ich die Tipps der Brummi Fahrer mithören.

Die wussten immer noch vor der Staudurchsage im Radio, wo der Verkehr zum Stehen gekommen war. So konnte ich auf Nebenstrecken ausweichen und kam schneller an mein Ziel.

Heute im Navi und Smartphone Zeitalter ist alles viel einfacher geworden. Damals hätte ich gerne auf diese Geräte zurück gegriffen.

Nach bestandener Grundausbildung war es nun soweit. Meiner Hauptverwendung bei der Bundeswehr als Feldkoch stand nichts mehr im Wege.

Apropos Wege. Die waren jetzt zum Glück nicht mehr so weit, da ich nur noch bis nach Siegburg fahren musste.

Ich hatte wieder Glück. Ich war bei der Luftwaffe und als Koch tätig und bekam sogar ein Einzelzimmer, da sich meine Arbeitszeiten zu stark von denen meiner Kameraden unterschieden.

16. Feldkoch. Wie Koch, nur besser.

Die erste Zeit als Feldkoch in der Truppenküche war für mich wie immer.

Ich ging jeden Tag mit einem lauen Gefühl im Magen zur Arbeit. Wie bei jedem neuen Lebensabschnitt, so auch hier, fragte ich mich jeden dieser Tage, was ich mir denn nun schon wieder eingebrockt hatte.

Das Gefühl verebbte jedoch schnell, da mich der Alltag wieder einmal voll im Griff hatte.

Es war ein schönes Arbeiten. Als Köche hatten wir uns eigentlich nur um die Zubereitung der Mahlzeiten zu kümmern. Alles Andere wurde von den guten Geistern, den Küchenfrauen erledigt.

Zu dem kam noch ab und zu ein Sondereinsatz, der entweder im Offizierscasino, auf der Hardthöhe oder im Kanzleramt statt fand.

Ich war froh über jede Art von Abwechslung.

Und interessant war es ja auch, seine gelernten Fähigkeiten den hohen Herren präsentieren zu dürfen.

Was ich nicht Verstand, dass ich fast ausschließlich der einzige Koch war, der sich freiwillig für diese, doch so abwechslungsreiche Tätigkeit meldete.

In der Folgezeit wurde ich immer öfter vom Offizierscasino für Sonderveranstaltungen angefordert.

Und davon gab es einige.

Schön waren auch die Empfänge im Kanzleramt.

Dort hatte ich zu Zeiten von Kohl und Genscher einige Einsätze.

So habe ich zum Beispiel bei einem Karnevalsempfang für Helmut Kohl Reibekuchen und andere Leckereien herstellen und servieren dürfen. Man sagte ja, dass Helmut Kohl eher Saumagen und dergleichen bevorzugte. Aber meine Reibekuchen haben ihm wohl sehr geschmeckt, da er einige davon zu sich nahm.

Auf der Hardthöhe fanden die Empfänge statt, bei denen auch ausländische Ehrengäste anwesend waren.

Dort wurden leckere Canapes serviert. Wir als Köche durften auch mit raus in den Gastbereich, um unsere kulinarischen Kostbarkeiten zu präsentieren.

Es gab nur ein Problem.

Die Leibwächter der hohen Persönlichkeiten. Sie hatten sich direkt vor dem Eingang zum Gastbereich postiert.

Unser Küchenleiter sagte aus Spaß, das sie dort stehen, um das Essen zu bewachen. Doch als ich mich durch die Mauer von Leibwächtern gekämpft hatte, wurde mir klar, warum sie ausgerechnet dort standen.

Die besten Canapes waren im Nu verschwunden. Bündnerfleisch, Lachs und Meeresfrüchte.

Alles Weg.

Der Rest war dann wohl nun für die eigentlichen Gäste bestimmt.

Unserem Küchenleiter wurde klar, dass wir unsere Taktik ändern mussten. Er, ein Stabsfeldwebel, änderte unseren „Schlachtplan", um an die Gäste zu kommen.

Wir gingen fortan nur noch mit drei Leuten durch den Küchenzugang und ließen diese Platten von den Leibwächtern plündern.

Die anderen nahmen den Nebeneingang. So konnten wir unsere Kulinarik auch an die eigentlichen Gäste bringen.

Meistens waren es auch Verabschiedungen mit bis zu 25 Personen, für die ich die vielen Gaumenfreuden zubereiten durfte.

Das Schöne daran war, dass ich zuvor immer mit der zivilen Leitung des Casinos in die Stadt gefahren wurde, um auf dem Wochenmarkt die frischen Zutaten für die Veranstaltungen einzukaufen.

Ein besonderes Highlight, an das ich mich noch gut erinnern kann, war das abschließende Aussuchen der zum Menue passenden Weine.

Dazu fuhren wir in einen Weinfachhandel. Dort hatten wir jedes Mal die Gelegenheit, die Weine auch selbst zu verkosten.

Die Abende bei solchen Veranstaltungen waren lang, sehr lang. Oft verließen uns die letzten Gäste erst um halb fünf.

Meine Gutmütigkeit zahlte sich in dem Fall nicht aus, weil ich es immer war, der bis zum Schluss blieb.

Meine Kollegen im Casino, auch ein bunt gemischter Haufen aus allen Berufen, hatten wohl nicht das für die Arbeit in der Gastronomie nötige Durchhaltevermögen.

Also blieb ich und bereitete bei der Gelegenheit auch schon das Frühstück vor, das täglich ab 6:30 Uhr bereit stehen musste.

Nach meinen ständigen Einsätzen im Offizierscasino, durch die ich wohl bei dem ein oder anderen einen bleibenden Eindruck hinterließ, wurde ich plötzlich sozusagen als ständige Leihgabe in das Offizierscasino versetzt.

Dort verwöhnte ich meine Gäste zu jeder Veranstaltung mit schönen Menues, die ich zuvor mit den betreffenden Offizieren absprach.

Ich hatte sogar einmal monatlich eine Gruppe hochdekorierter Offiziere zu Besuch, die sich als Hobbyköche bei mir im Casino verwirklichten. Dazu besorgte ich ihnen immer vorab entsprechende Zutaten und passende Weine.

Die Grundsaucen und Fonds setzte ich natürlich alle zuvor frisch an, damit diese illustre Gruppe direkt mit dem kochen beginnen konnte.

Von diesen hohen Offizieren wurde ich, wie ich mich erinnern kann, immer sehr zuvorkommend behandelt.

Sollte jemand denken, ich wäre nur nett, weil es sich um Vorgesetzte handelte, so lag er aber völlig daneben. Ich war ja sowieso schon immer freundlich und blühte in meiner Aufgabe auf.

Ich fühlte mich wohl, wenn sich mein Gegenüber auch wohl fühlte.

An eine Sache erinnere ich mich immer wieder gerne. Es war der Offiziersball, der einmal im Jahr statt fand. Die Vorbereitungen waren schon sehr aufwendig, da für jedes Thema die Truppenküche nebst Unteroffiziersheim komplett auf das Thema umgestaltet wurden.

Wir hatten in einem Jahr das Thema Mittelalter, dann kam das Thema Traumschiff und einmal auch Spielcasino.

Auf jedes einzelne Thema einzugehen würde wohl ein extra Buch füllen. Daher erzähle ich nur kurz über das letzte Thema, als wir das gesamte Gebäude in ein Spielcasino verwandelten.

Jeder Soldat hatte einen anderen beruflichen Hintergrund.

So konnten die Organisatoren auf die gesamten Berufsgruppen, die für ein derartiges Projekt nötig waren, zurück greifen.

So hatte auch ein Feldwebel noch sehr gute Kontakte zu einem Spielcasino. Von dort bekamen wir, für die Gestaltung der Räume ausgediente Spieltische, Spielautomaten und weitere zum Spielcasino passende Artikel.

In der Küche wurde natürlich auch genau überlegt, was zum Thema passen könnte.

Da auch hier Leute aus allen Berufsbereichen angestellt waren, war ich schon neugierig, was dort alles gezaubert würde.

Ich war ja als ständige Leihgabe nur noch im Offizierscasino beschäftigt. Trotzdem wuchs meine Neugier mit jedem Tag, an dem der Offiziersball näher rückte.

So nutzte ich jede, sich mir bietende Gelegenheit, um in der Truppenküche zu spicken, was denn meine Herren Kollegen so zauberten.

Wir hatten zu dem Zeitpunkt auch einen Konditor in der Küche, der vom Jeton bis zum Spielwürfel viele Leckereien aus Marzipan und Schokolade nachbildete.

Es sah gigantisch aus. Waren halt alles kleine Künstler meine Kollegen vom Koch bis zum Konditor.

Langsam verwandelte sich auch die Truppenküche mit Mannschaftsheim und Unteroffiziersheim in ein, so wie es aussah, echtes Spielcasino. Natürlich ohne echten Spielbetrieb.

Auch wenn ich zuvor die Jahre immer aktiv für die Themen der Offiziersbälle mitkochte, so war ich jetzt, wo ich nur noch im Offizierscasino beschäftigt war, trotzdem eingebunden. Nur halt nicht mehr mit dem Gestalten der leckeren Buffets, sondern in der Organisation und Gestaltung der Räume.

Eine Erfahrung werde ich in dem Zusammenhang auch wahrscheinlich nicht mehr so schnell vergessen.

Ich hatte die Aufgabe den Speisesaal im Casino Style herzurichten.

Wir hatten den Tisch für die Ehrengäste bereits stehen. Dieser Tisch, circa 5 Meter im Durchmesser, war in der Mitte genau so gestaltet wie eine Spielscheibe eines Roulette Tisches.

Da es sich um einen sehr großen Saal handelte, wurden mir noch circa 10 Soldaten von der Marine nebst Vorgesetzten zur Seite gestellt, um den Saal herzurichten.

Angeführt wurde die Truppe von einem Bootsmann. Dieser war in der Kompanie als Ausbilder tätig und für seinen rauen und strengen Ton bekannt.

Genauso war er auch mir gegenüber. Er fragte mich im strengen und militärischen Ton, wie denn nun seine Truppe einzuteilen war.

Ich erklärte ihm in meiner bekannt ruhigen und präzisen Art, wie und in welcher Reihenfolge der Saal herzurichten war.

Die Soldaten begannen sodann wie die Bienen auszuschwärmen, um den Saal nach Vorgabe zu gestalten.

Als dann ein General den Saal betrat, schob mich der Bootsmann kurzerhand mit einem Schubs beiseite und meinte nur mürrisch, dass ich mal Platz machen solle.

Ich war etwas verwirrt, ob der rauen Art mir gegenüber. War ich doch immer nett und höflich.

Der Bootsmann machte in militärisch zackiger Art vor dem General seine Meldung für den Aufgabenbereich.

Was er nicht wusste, das ausgerechnet der General einer dieser netten Hobbyköche war, für die ich doch zuvor immer so gerne die Vorbereitungen für die Gourmet Abende machte.

Der General hörte sich die Meldung des Bootsmanns an, schob ihn mit den Worten, mach mal Platz, zur Seite und kam auf mich zu.

Mir wurde schlagartig warm.

Was war passiert? Hatte ich etwas falsch gemacht?

Nein!

Dieser Offizier stand nun vor mir, klopfte mir auf die Schulter und sagte, na altes Haus wie geht es Dir? Was macht die Kochkunst?

Kurz, aber nur ganz kurz blieb mir die Spucke weg.

Da wurde mir schlagartig klar, dass er dem Bootsmann eine kleine Lektion erteilen wollte, wegen des schlechten Verhaltens mir gegenüber.

Ich bedankte mich beim General für seine Nachfrage und sagte, dass wir uns sicher später noch im Offizierscasino sehen würden.

Ich hatte gewonnen. Der Bootsmann war ab sofort den ganzen Tag über Freundlich zu mir. War er wohl ein Karrieretyp, der weiter kommen wollte.

Mir zeigte es auch in späteren Lebenssituationen, dass Freundlichkeit viel bringen kann und man so auch oft weiter kommt.

Der Ellenbogenmentalität der heutigen Zeit kann ich nichts abgewinnen, da ich davon ausgehe, dass gegenseitiger Respekt immer mehr Wert ist, als um jeden Preis der beruflichen Karriere nachzugehen.

Mein Verhalten gegenüber den Offizieren hatte sich trotzdem nicht geändert. Ich war weiterhin normal geblieben und machte meine Arbeit. Wenn auch mit mehr Freude, da ich anerkannt wurde und wusste, dass meine Arbeit geschätzt wird.

Angst hatte ich schon lange nicht mehr verspürt.

Ich fühlte mich wohl in meiner Tätigkeit.

Egal, wie viele Stunden es auch in jener Zeit wurden, die ich zu leisten hatte, es war für mich eine durchaus erfüllte Zeit.

Und alles andere war ja geregelt, so brauchte ich mir keine Sorge um Überstunden oder Urlaubsansprüche zu machen.

17. Die Anerkennung durch Orden

Es war hier mittlerweile für mich die längste Zeit, die ich in einem Betrieb seit der Lehre verbracht hatte.

Ich war so drin, dass ich mich im Offizierscasino fast schon wie ein Butler fühlte.

Auch wenn Offiziere einmal später, also nach dem Abendessen in das Casino kamen, war ich direkt zur Stelle und fragte, womit ich helfen könne.

Viele der Offiziere waren dankbare Abnehmer der von mir angebotenen Speisen, da es ja zu später Stunde sonst in der gesamten Kaserne keine derartigen Leckereien mehr gab.

Meine besten Kunden waren dort die Kompaniechefs der Luftwaffe und der Marine.

Aber auch diese Jahre flossen dahin.

In der Folgezeit wurde ich hier und da in das Stabsgebäude zitiert.

Es war jedes mal aufregend. Wusste ich doch nicht, was auf mich zukam.

Bevor ich mich zum Stabsgebäude aufmachte, versuchte ich jedes mal zu erfahren, worum es ging. Und warum ausgerechnet ich dort hin musste. Die Kollegen hielten aber immer alle dicht.

Ich musste meinen Dienstanzug anziehen, der zum Glück noch passte und machte mich mit schlotternden Knien auf zum Stabsgebäude.

Doch jedes mal verflog die Anspannung sehr schnell. Wenn ich dann in die freundlichen Gesichter schaute, wusste ich, das es etwas Positives war, das mich erwartete.

Ich wurde dort mit verschiedenen Auszeichnungen dekoriert, die ich hauptsächlich wegen beispielhafter Erfüllung der Soldatenpflichten bekam.

Rückblickend waren es nicht die Orden, die mich mit Stolz erfüllten, nein, es war vielmehr die Anerkennung meiner Arbeit, die ich Tag für Tag mit soviel Freude machte.

Ich war dort angekommen und wollte nie wieder etwas anderes machen.

Von mir aus konnte es immer so weiter gehen. Wir scherzten oft unter uns, dass wir irgendwann mit Krückstock und grauen Haaren den jungen Offizieren unsere Spezialitäten kochen würden.

Aber immer wenn man im Leben denkt, dass es so bleiben könnte, kann man gewiss sein, dass sich etwas ändert.

Die nie enden wollende Bundeswehrzeit ging langsam aber sicher dem Ende entgegen.

Ich musste mir nun überlegen, wie ich mein weiteres Leben gestalte.

Sollte ich meinen Meister machen? Alt genug war ich ja und den Ausbilderschein hatte ich bereits über die Bundeswehr im Rahmen einer Weiterbildung machen können.

Sollte so mein neues Leben aussehen?

Oder wollte ich etwas völlig Neues anfangen? Jetzt hatte ich die Gelegenheit dazu.

Nach langem überlegen und dem beschaffen aller Informationen über die Möglichkeiten meiner beruflichen Zukunft, war der Tag der Entscheidung gekommen.

Es sollte der Hotelbetriebswirt werden.

Mit dieser Ausbildung baute ich nicht nur auf meinen ersten, erlernten Beruf auf.

Hiermit stand mir die ganze Breite der Tätigkeiten im Hotelgewerbe offen.

Mit leicht depressiver Stimmung verließ ich die Bundeswehr. Diesen Ort, der für mich zur zweiten Heimat geworden war. Ich hatte viele neue Freunde gefunden, die ich in der Folgezeit sehr vermisste.

Ich erinnere mich immer wieder gerne an die ganzen Unternehmungen und den Spaß, den wir zusammen hatten.

Mit der Zeit schliefen aber einige Kontakte ein.

Nur zu einem Kameraden von früher blieb der Kontakt dauerhaft bestehen. Ich freue mich heute noch, wenn ich ab und zu an diesen Ort zurückkehren kann. Dann werden viele Erinnerungen an meine Jugend wach. Ich war ja zu der Zeit ein junger Erwachsener, der noch seinen Weg suchte.

Wenn ich damals schon gewusst hätte, das mein weiteres Leben noch so bunt und aufregend wird, ich könnte selbst jetzt nicht sagen, ob ich etwas anders gemacht hätte.

Die Zeit im Nachhinein zu betrachten, bewirkt bei vielen Menschen, dass ein leicht verklärtes Bild der Vergangenheit beibehalten wird.

So auch bei mir. Die schönen Dinge bewahrt man sich halt gerne im Herzen.

Doch dann ging es auf zur Wirtschaftsfachschule.

18. Die Wirtschaftsfachschule

Wieder einmal stand ein neuer Lebensabschnitt an. Was würde wohl auf mich zukommen? Welche neuen Kollegen und Kolleginnen würde ich kennen lernen?

Und wieder einmal der Gedanke, was habe ich mir da schon wieder eingebrockt?

Ich kann mich noch erinnern, wie befreiend es war, als ich nicht mehr zur Berufsschule gehen musste. Und jetzt ging ich freiwillig wieder zur Schule. Aber was man nicht versucht, kann man nicht beurteilen.

Die ersten zwei Wochen verflogen auch hier sehr schnell. Wir wurden mit allerlei Informationen gefüttert und bekamen die Bücher.

Zwei Bücher mussten wir uns direkt bei dem Dozenten kaufen. Er hatte sie selbst verfasst und unterrichtete ausschließlich aus diesen Büchern.

Also eine Art freiwilliger Zwangskauf.

Als wir die beiden Bücher erhielten, war ich schon ein wenig enttäuscht. Es handelte sich mehr um Manuskripte, als um Bücher. Zudem hatte man den Eindruck, dass alles mit einer Reiseschreibmaschine getippt wurde.

Na, egal, ich war ja zum Lernen da. Wie ein Buch aussieht war mir dann auch gleich.

In dieser ersten Zeit hatten wir Schüler die Gelegenheit, uns zu beschnuppern.

Wie mir schien, gab es zwei Lager.

Einmal die normalen Menschen, die sich weiterbilden wollten. Und dann die Karrieretypen, die jede Gelegenheit nutzten, um weiter zu kommen.

Es kam, wie in jeder Schule, natürlich auch zu Gruppenbildungen, die dann auch wie selbstverständlich die gemeinsamen Gruppenarbeiten und Projekte absolvierten.

Ich hatte wieder einmal etwas Glück.

In meiner Gruppe war ein junger Mann von den Philippinen, der sehr gut mit Computern umgehen konnte. Er hatte von seiner Uni in Manila ein Stipendium für diese Wirtschaftsfachschule bekommen.

Ich muss daran erinnern, dass ich als Koch niemals mit Computern arbeiten musste. Ich sagte auch früher immer, dass ich so etwas niemals brauchen werde.

Nun war es doch soweit.

Im PC Unterricht wurde uns die Arbeit auf der DOS Ebene näher gebracht.

Für mich waren das alles böhmische Dörfer. Zudem verlor sich der Dozent in seiner Fachsprache, was viele von uns Computeranfängern verzweifeln lies.

Aber ich hatte ja meinen Kollegen.

Kurzerhand holte ich mir im Fachhandel mein erstes Laptop, um bei aufkommenden Fragen, von denen es am Anfang viele gab, mit dem Gerät bei meinem Kollegen die offenen Fragen zu klären.

Die erste Zeit blieb ich jeden Tag nach dem Unterricht noch ein bis zwei Stunden in der Schule, wo auch mein Kollege sein Quartier hatte.

Die Nachhilfe in Sachen Computer war sehr Hilfreich.

Es klappte überraschend gut, da mein Kollege nicht nur wahnsinnig schnell Deutsch gelernt hatte, nein, er konnte auch sehr gut erklären.

Aus Kollegen wurden Freunde. Das ständige Lernen schweißte uns zusammen.

Ich erinnere mich noch gerne an die gemeinsamen Unternehmungen, bei denen ich meinen philippinischen Kollegen das Land zeigte. Ich fuhr zu der Zeit einen großen amerikanischen Jeep. Dort passten alle hinein. Wir fuhren nach Wuppertal, um uns die Schwebebahn anzusehen. Auch die Messerstadt Solingen war eines unserer Ziele.

Ein großer Wunsch meiner Kollegen war auch der Besuch des Drachenfels bei Königswinter. Kurzerhand machten wir auch hieraus einen Tagesausflug. Ich muss sagen, es machte schon viel Freude, sein "eigenes" Land anderen näher zu bringen.

Den Alltag bestimmte dann wieder das ständige Lernen. Ich baute mir auch hierbei selbst viel Druck auf, da ich ja irgendwie bestehen wollte und musste.

Selbst, wenn wir in unserem Dorf Schützenfest hatten, nahm ich mir nur kurz Zeit, mein Lernen zu unterbrechen, wenn der Schützenzug mit seiner Marschmusik bei uns am Haus vorbei zog. Grade, als es in Richtung Prüfung ging, kam jede Art von Ablenkung nicht mehr in Frage.

Ich hatte sogar meine Bücher mit im Sommerurlaub .

Zu der Zeit war ich stolzer Besitzer eines sehr schönen Apartments in Spanien. Das wollte ich nun sechs Wochen lang nutzen, um mich intensiv auf meine Prüfung vorzubereiten.

Von Paderborn aus ging es los in meinen Lernurlaub.

Vollgepackt mit allen Sachen für die sechs Wochen und natürlich auch mit dem Laptop und allen Fachbüchern stand ich am Check In Schalter.

Vor mir standen zwei ältere Damen, die wohl auch nach Alicante fliegen wollten. Irgendwas stocke aber am Schalter.

Die Damen hatten Übergepäck und wurden nun aufgefordert, an einem anderen Schalter dieses Mehrgepäck extra zu bezahlen.

Die Aufregung bei den Damen war groß. So auch bei mir, hatte ich doch bestimmt sechs bis acht Kilogramm zu viel dabei.

Papier wiegt halt eine Menge. Ich hatte mich schon seelisch darauf eingestellt, dass auch ich einen Aufpreis zahlen müsse.

Dann dachte ich mir, dass ich in dieser Situation nur mit Freundlichkeit weiter kommen kann.

Ich war der Nächste am Schalter. Ich setzte mein schönstes Lächeln auf, begrüßte die Dame am Schalter und wies direkt mit meiner ach so freundlichen Stimme darauf hin, dass ich ein Studierender auf Reisen sei und hoffentlich durch meine Bücher nicht all zu viel auf die Waage bringen würde.

Die nette Dame am Check In Schalter lächelte zurück und sagte, das wir das schon hinbekommen würden.

Zu meiner Verwunderung bekam ich direkt meine Boarding Karte und der Koffer verließ das Band. Ich hatte Glück und musste kein Übergepäck bezahlen.

Warum auch immer? Ich nahm es hin und freute mich.

Am Urlaubsort angekommen hatte ich erst einmal verschiedene Besorgungen zu machen, um mir die Zeit dort auch angenehm zu gestalten.

Die ersten beiden Tage lernte ich also nicht. Hatte ich doch noch sechs Wochen Zeit.

So ging ein wunderbarer Urlaubstag nach dem anderen ins Land.

Zwischendurch sagte ich mir immer wieder, dass ich bestimmt am nächsten Tage oder am Abend lerne.

Doch es gab so viel zu sehen, dass ich einfach nicht dazu kam, für die Prüfung zu lernen.

Ich nahm morgens mein Frühstück mit auf meine Dachterrasse und natürlich auch meine Bücher und das Laptop. Gemütlich frühstücken und dann lernen, hatte ich mir vorgenommen.

Nach dem Frühstück setzte ich mich also an einen Tisch, der auf meiner Dachterrasse stand. So jetzt war es soweit, ich fange an zu lernen. Doch nach zwei bis drei Sätzen merkte ich, dass es einfach schon zu hell war und das weiße Papier des Manuskriptes mich blendete. Also beschoss ich, das Lernen auf den Abend zu verlegen. So konnte ich doch den Tag genießen.

Abends war ich aber immer so müde, dass ich lieber noch etwas vor dem Fernseher döste.

Nach sechs Wochen hatte ich es wirklich geschafft, nicht zu lernen.

Die Angst stieg in mir.

Komischerweise war dem Check In Personal auf spanischer Seite bei meiner Rückreise das Gewicht meines Gepäcks egal.

Ich freute mich wieder.

Als ich wieder auf deutschem Boden stand, wurde mir der Ernst der Lage klar. Eineinhalb Wochen bis zur Prüfung.

Ich habe wirklich in dieser Zeit Tag und Nacht gelernt bis mir die Augen zufielen. Mein Kopf war voll.

Als wir dann die schriftliche Prüfung hatten, habe ich geschrieben, was Zeug hält. Nach der Prüfung trafen wir uns alle vor dem Prüfungsraum. Jeder erzählte, was er oder sie so bei den Fragen geantwortet hatten.

Ich konnte nicht mitreden, da ich so leer war, dass ich nichts, aber auch absolut nichts mehr wusste.

Die Zeit verstrich und ich wartete auf die Ergebnisse.

Ablenkungen hatten wir genug, da ich ja noch meine philippinischen Kollegen hatte. So haben wir hier und da noch ein paar Ausflüge gemacht.

Es ging nach Dortmund und auch nach Oberhausen ins Centro. Doch abends, wenn es ruhiger wurde und ich wieder zu Hause war, kam der Druck zurück.

Hatte ich alles richtig gemacht? Hoffentlich ist das gut gegangen!

Wir mussten ja auch noch zur mündlichen Prüfung.

Endlich kam der Tag, als uns die Ergebnisse der schriftlichen Prüfung mitgeteilt wurden. Mir fiel ein Felsbrocken vom Herzen. Ich hatte, wider meines eigenen Erwartens, sogar mit einer guten Note bestanden.

Jetzt konnte ich mich auf die mündliche Prüfung konzentrieren. Auch hier hatte ich den nötigen Elan zu lernen, da wir in einer Gruppe, wie schon zuvor, mit viel Spaß bei der Arbeit waren.

Ich denke mir, dass es jeder schon einmal erlebt hat, der eine Prüfung absolvieren musste.

Ich wachte morgens schweißgebadet auf. Da war er nun, der alles entscheidende Tag. Mit Bestehen der mündlichen Prüfung stand mir die Welt offen. Dieser Gedanke erhöhte natürlich noch den Druck, den ich mir bereits selbst machte. Es half nichts. Ich musste jetzt da durch.

Ich kann mich noch gut erinnern, als ich vor dem Prüfer Tribunal stand, um Rede und Antwort zu stehen.

Wir wurden einzeln, von einem unserer Dozenten, abgeholt und in den Prüfungsraum gebracht.

Nach einigen Fragen, die ich ziemlich sicher und souverän beantwortet hatte, kam eine weitere Frage, bei deren Beantwortung der Prüfer mich in Frage stellte.

Ich fiel ihm ins Wort und korrigierte ihn.

Oh Gott!

Was hatte ich da gemacht. Einen Prüfer in Frage stellen, das war doch so gar nicht meine Art.

Die Erlösung kam, als einer der anderen Prüfer mir recht gab. Meine Antwort war also doch die Richtige. Trotzdem hatte ich die Sorge, dass mir mein Verhalten negativ ausgelegt würde.

Beim Verlassen des Prüfungsraumes brachte mich der Dozent zurück, um den nächsten Prüfling zu holen.

Ich fasste mir ein Herz und fragte ihn, wie ich denn abgeschnitten hätte.

Er antwortete in sehr diplomatischer Weise, dass er mir nicht sagen dürfe, dass ich bestanden hätte.

Man glaubt gar nicht, welche Erlösung das für einen war.

Es hatte sich gelohnt, das ganze lernen.

Jetzt stand mir die Welt erneut offen!

Mit etwas Wehmut verließ ich die Schule, war mir doch bewusst, dass ich die Freunde, die ich gewonnen hatte, nicht so schnell wiedersehen würde. Grade meine Philippinen, die mir so ans Herz gewachsen waren und denen ich so viel zu verdanken hatte. Sie waren jetzt unerreichbar weit weg.

Ich verdrängte diese Gedanken, musste ich mich doch jetzt auf meinen neuen Lebensabschnitt als Hotelbetriebswirt konzentrieren.

Zunächst galt es eine geeignete Stelle zu finden. Das war nicht so einfach, denn von uns gab es viele.

Also erst mal ein paar Bewerbungen schreiben. In der Nähe gab es einige interessante Angebote.

An ein Bewerbungsgespräch kann ich mich noch gut erinnern. Ich hatte mich in einem Frist Class Hotel als Führungskraft für die Rezeption vorgestellt.

Das Vorstellungsgespräch verlief ja soweit ganz gut.

Mir wurde mitgeteilt, welche Aufgaben auf mich zukommen.

So ganz nebenbei sagte der Hotelier, dass ich natürlich als Führungskraft nicht auf Arbeitszeiten achten solle und eigentlich immer, also auch in meiner Freizeit, für den Betrieb als Ansprechpartner zur Verfügung stehen müsse.

Und das alles bei einer Sechs-Tage-Woche.

Na gut, so dachte ich mir. Wenigstens verdiene ich als Führungskraft ja auch gutes Geld.

Ich fragte also nach dem Verdienst in diesem ach so feinen Hotel.

Der nächste Schock.

Ich sollte 1800 D-Mark bekommen und zwar nicht Netto, sondern Brutto. Ich glaube, dass der Hotelier das Entgleisen meiner Gesichtszüge in jeder Phase meiner Enttäuschung mitbekam. Hatte ich doch so viel gelernt, mich weitergebildet.

Und dafür eine Entlohnung, die ich auch als ungelernter Hilfsarbeiter in einem Industriebetrieb bei weitem überschritten hätte.

Nein, das konnte es wirklich nicht sein.

Ich war wirklich das erste mal so richtig enttäuscht von meinem bis dahin so geliebten Hotelgewerbe.

Da ich schon immer offen für Neues war und auch eher von Neugier getrieben, weitete ich meine Suche nach einer geeigneten Stelle aus.

Es musste ja nicht unbedingt die Hotellerie sein.

Wo anders lässt sich auch gutes Geld verdienen.

Zunächst nahm ich eine Stelle als Trainee in einem großen Logistik Zentrum in der Nähe an.

Dort verdiente ich schon gut das doppelte und das bei einer Fünf-Tage-Woche mit zivilen Arbeitszeiten.

So kam ich wenigstens nicht raus und konnte in Ruhe weiter suchen.

Für mich war es schon eine rastlose Zeit mit viel Aufregung und halt immer dem Faktor der Unwissenheit, was mir die Zukunft noch bringt.

Ich hätte auch zu diesem Zeitpunkt noch nicht gedacht, wie Turbulent und Bunt sich mein Berufsleben noch entwickeln würde.

19. Mein neuer Job am Flughafen

Dann kam der Tag, an dem sich wieder einmal alles verändern sollte.

Ich war ja schon gewohnt, mich immer wieder an Neues anzupassen und Gelegenheiten, die sich mir boten, beim Schopfe zu packen.

So auch diese.

Ich hatte ein Angebot von einem Catering Unternehmen in München vorliegen. Arbeiten am Flughafen, das hörte sich nach einem interessanten Abenteuer an. Also auf nach München.

Das Vorstellungsgespräch verlief super und selbst die Entlohnung übertraf meine kühnsten Erwartungen.

Ich bekam direkt am nächsten Tag eine Stellenzusage.

Jetzt fing die Suche nach einer Wohnung an. Es war immerhin eine Entfernung von fast 600 Kilometer.

Da ich mittlerweile auch einen Internetzugang hatte, der über ein Modem am Telefon angeschlossen war, benutzte ich diesen für die Suche nach einer Unterkunft.

Man kann es sich heute nicht mehr vorstellen, wie langsam so ein Internetzugang damals arbeitete.

Ich konnte mir nach aufrufen einer Seite gemütlich eine Tasse Kaffee kochen, bis sich die aufgerufene Seiten endgültig aufgebaut hatte.

Nach einer gefühlten Ewigkeit stieß ich schließlich auf ein passendes Apartment in der Nähe des Flughafens.

Kurzerhand rief ich dort an und vereinbarte schon für den nächsten Tag einen Termin vor Ort.

Also ging es wieder auf nach München.

Dort angekommen, stand ich nun vor der Wohnung. Die Anlage sah wirklich gepflegt aus und die Nähe zum Flughafen passte ebenfalls.

Ich drückte voller freudiger Erwartung die Türglocke. Nach kurzer Zeit öffnete sich die Tür. Aber nur einen kleinen Spalt. Eine kleine, verschlafen wirkende Gestalt sprach mit piepsiger Stimme, was ich denn wolle.

Ich erklärte, dass ich der Interessent für die Wohnung sei und wir doch tags zuvor ein Telefonat hatten. Die Antwort war kurz und lautete, nein. Die Wohnung war wohl am Tage meines Telefonats von dieser Gestalt vergeben worden.

Ich kann nicht beschreiben, was mir so alles durch den Kopf ging.

Na gut, dachte ich, wie kann ich jetzt diese verfahrene Situation retten?

Ich dachte, dass es wohl am Besten sei, einen Zeitschriftenladen aufzusuchen, um mich dort mit regionaler Presse einzudecken.

Dort würde sicher die ein oder andere Wohnung zur Miete angeboten.

Die sehr nette Verkäuferin fragte mich nach dem Grund für den Kauf der verschiedenen regionalen Presseerzeugnisse.

Ich klagte ihr mein Leid.

Sie war nicht nur sympathisch, sondern half mir auch noch mit einer dieser gratis Wochenend-Zeitungen aus.

Dort hatte sie eine Wohnung in Landshut gesehen. Ich war so dankbar für diesen Hinweis, half er mir doch eine lange Suche vielleicht abzukürzen.

Das Glück war mir auch hier holt und ich bekam die Wohnung. Es war ein Einzimmer Apartment mitten in Landshut. Sogar ein Tiefgaragen Stellplatz war bereits in der Miete enthalten.

Ein kleiner Balkon machte die Wohnung perfekt.

Komischerweise war ich beim Start in diesen neuen Job nicht mehr so aufgeregt, wie zuvor bei allen anderen neuen Lebensabschnitten.

Im Gegenteil, ich freute mich darauf, neue Sachen und vor allem neue Kolleginnen und Kollegen kennen zu lernen.

Aus jetziger Sicht denke ich einfach, dass sich meine Einstellung zum Leben geändert hatte.

Jeder Mensch kennt heute das quirlige Treiben, dass an Flughäfen stattfindet. Es war wirklich eine aufregende und schöne Zeit.

Auch wenn ich dort alleine war, fühlte ich mich nicht alleine.

Jeder Tag brachte etwas Neues. Ich arbeitete im Sicherheitsbereich des Flughafens. Nach intensiver Überprüfung durch die Sicherheitsbehörden, bekam ich endlich meinen Vorfeldausweis. Jetzt konnte ich richtig durchstarten.

Wie ich erst später erfuhr, war ich wohl der erste Mitarbeiter, der den Vorfeldausweis so schnell bekam.

Hatte ich mir doch niemals etwas zu Schulden kommen lassen.

Zu meinen Hauptaufgaben gehörten die Kundenbetreuung und Kalkulation der Bordverpflegung.

Meine Tätigkeit nannte sich Neu-Englisch Customer Relations Representative.

In diesem Zusammenhang fällt mir ein, dass unsere Berufssprache Englisch war.

Ich musste mich also wieder umstellen. Am Anfang war es schwer, sich auf der Arbeit wechselnd Deutsch und Englisch zu unterhalten.

Aber man gewöhnt sich ja an alles.

Ich war unter anderem für eine Gesellschaft zuständig, die kleinere Privatmaschinen betrieb.

Es war damals die Zeit, als Tina Turner und zum Beispiel die Cranberries ihre Touren in Deutschland hatten.

Dieser Personenkreis und auch Geschäftsleute waren dort Kunden.

Ich nahm also die Bestellungen entgegen, bearbeitete sie und gab sie an die Produktion weiter.

Neben einer anderen großen Fluggesellschaft war ich für Privatmaschinen, so auch zum Beispiel für große Jets von arabischen Prinzen als Betreuer zuständig.

Es war schon interessant zu sehen, in welchem Prunk manche Menschen leben und dies für selbstverständlich erachteten.

So kann ich mich an eine Riesengroße arabische Maschine erinnern, die für einen Prinzen nebst Entourage ausgelegt war. Diese Maschine durfte ich einmal besichtigen.

Wie soll ich es am besten beschreiben. Es war von außen gesehen ein großer Jumbo Jet. Nach betreten der Maschine hatte man das Gefühl, man ist in der First Class Abteilung eines Flugzeuges. Doch das war nur der Bereich für das Gefolge.

Der ganze hintere Teil und das Oberdeck des Fliegers glichen einem Palast aus tausend und einer Nacht.

Geknüpfte Teppiche, in denen man fast komplett versank, Ölgemälde an den Wänden und edle Sitzgruppen.

Ich war in einem richtigen Palast.

Im Oberdeck waren die Privat Gemächer, die niemand betreten durfte. Allerdings durfte ich einen kurzen Blick in das Badezimmer des Prinzen werfen. Von der Marmorbadewanne bis zu goldenen Armaturen. So etwas hatte ich wirklich noch niemals zuvor gesehen.

Und das alles für nur eine Person.

Ich war keineswegs neidisch auf solchen Prunk oder gar die Lebensweise, die manche Menschen sich gönnten.

Allenfalls dachte ich bei mir, wenn ich in solch großem Überfluss leben würde, ich wahrscheinlich eher mit meinem Geld Gutes tun würde, als es so, für meine Begriffe sinnlos, zu verschwenden.

Es ist doch viel schöner in dankbare Gesichter zu schauen, wenn man jemandem geholfen hat, als ständig Menschen zu begegnen, die einem bestenfalls neidvolle Blicke zuwerfen.

Aber auch das akzeptierte ich, da ich schon immer der Meinung war, dass jeder auf seine Weise Glücklich werden sollte.

Über die andere große Fluggesellschaft, die ich zu betreuen hatte, gab es auch eine lustige Geschichte zu erzählen.

Dort gab es ständig Beschwerden, da irgendwie andauernd etwas schief gegangen war. Und nun hatte ich diese Gesellschaft als Neuling am Hals.

Bei meinem ersten Telefonat mit Kunden erkannte ich das Problem. Es war wohl ein Angestellter, der mit einem starken Akzent auf englisch sprach. Ich will es mal so beschreiben. Es hörte sich an wie ein Gemischt aus Englisch mit Indisch.

Was sollte ich nur tun? Ich verstand nur bruchstückhaft, was dieser Kunde von mir wollte.

Na ja, ich will ja nicht angeben, aber da gibt es doch diesen Spruch, dass Köche die sich nicht zu helfen wissen.....

Spontan sagte ich meinem Kunden am Ende des Telefonats, das wir eine neue Richtlinie hätten und daher die Bestellung zusätzlich noch als Fax an meine Nummer zu senden sei.

Für ihn war das Logisch und so bekam ich fortan nach unseren Gesprächen, bei denen ich immer noch fast nichts verstand, das "Bestätigungs-Fax" zugesendet. Und das war, wie erwartet, akzentfrei in bestem Englisch.

Meine Kollegen wunderten sich, dass es nun keine Beschwerden mehr von diesem Kunden gab.

Irgendwann erzählte ich es dann und wir konnten alle darüber herzlich lachen.

Eine Kollegin war auch noch interessant.

Sie verbrachte ihr halbes Leben in Amerika. Nun, zurück in Deutschland, hatte sie eine Stelle bei uns im Invoice bekommen. Sie hatte die Rechnungen zu kontrollieren und zu verarbeiten.

Die brachte natürlich auch ihre amerikanische Lebensweise mit.

Es war schon lustig anzusehen, wie eine Schublade im Schreibtisch gut gefüllt mit Süßigkeiten aller Art, eine Art persönliches Buffet offenbarte, sobald sie diese aufzog.

Und das unzählige Male am Tag.

Eine weitere Schublade war reserviert für Dosenweise Schmerztabletten und Fatburner.

Ich nannte es scherzhaft das Schubladenballett, da sie sich abwechselnd mal aus der einen und dann aus der anderen Schublade bediente.

Interessant war für mich auch das Kalkulieren und Fotografieren der Menues.

Alles wurde durch das Programm Gramm genau ausgerechnet und bestellt.

Die Fotos der fertigen Tabletts dienten meinen Kolleginnen und Kollegen dazu, sich über den genauen Platz und die Menge des herzurichtenden Tabletts zu informieren.

Aber auch diese Zeit ging ihrem Ende entgegen. Ich hatte dort viel dazugelernt.

Auch mein Selbstbewusstsein war gewachsen.

Nun wollte ich zurück in die Heimat. Auch wenn es eine sehr schöne Zeit dort war, wollte ich nicht den Kontakt zu meinen ganzen Freunden in der Heimat verlieren.

Durch die große Entfernung nach Hause war es aber nicht einfach, mal eben ein Vorstellungsgespräch zu organisieren.

Ich nahm also erst einmal die nächst Beste Gelegenheit war, um wieder nach Hause zu kommen.

Ich besorgte mir jedes Mal, wenn ich zum Wochenende wieder daheim war, die aktuellen Tageszeitungen, um dort nach geeigneten Stellen zu schauen.

Dann fiel mir ein Stellenangebot besonders ins Auge.

Diesmal war es eine Versicherung für die ich mich interessierte.

Natürlich fehlte auch hier der Bezug zur Gastronomie nicht, denn ich sollte dort als Kundenbetreuer für Gastronomie Kunden tätig sein.

Das hörte sich nach einer neuen Herausforderung an.

In diesem Bereich hatte ich noch nicht gearbeitet. Davon versprach ich mir meinen Horizont zu erweitern.

Wichtig war mir zudem auch der Umgang mit anderen Menschen. Also beschritt ich diesen neuen Weg voller Neugier.

20. Wieder eine neue Facette

Da war ich nun wieder im Lande. Endlich zu Hause. Und die neue Stelle sollte ja auch nicht für ewig sein.

Erst einmal wieder zur Ruhe kommen und Fuß fassen. Es war wirklich schön, einmal wieder spontan mit Freunden unterwegs zu sein. Eines fiel mir dabei auf. Manche meiner Freunde hatten sich verändert. Ich glaube aus heutiger Sicht ist es nachvollziehbar. Wenn man für eine Weile etwas Abstand vom Vertrauten, vom Gewohnten hat, dann bekommt man auch eine andere Sicht auf die Dinge. Also hatte sich nicht mein Freundeskreis verändert, nein, ich war es, der in einigen Dingen eine andere Sichtweise angenommen hatte. Für mich war das eine positive Erfahrung.

Hier hatte ich nun einfach die besseren Möglichkeiten, mich in meinem Bereich, also der Gastronomie wieder erfolgreich zu etablieren. Ich konnte in Ruhe Ausschau halten.

Das erste mal in meinem Berufsleben bekam ich sogar nach kurzer Zeit ein Home Office. Von dort konnte ich entspannt in den Tag starten. Es war schon eine tolle Sache, wenn ich morgens mit einer Tasse frischen Kaffee in mein Büro in meinem zu Hause ging, um den Arbeitstag vorzubereiten. Hatte ich doch als Koch niemals die Gelegenheit, so zu arbeiten.

Termine musste ich mir teilweise selber suchen. Zudem bekam ich Listen mit möglichen Kunden, die für unsere Produkte in Frage kamen.

Ich wurde sozusagen ins kalte Wasser geworfen. Da ich mir während meiner beruflichen Entwicklung bereits eine breite Allgemeinbildung angelernt hatte, fiel es mir auch nicht schwer, mit mir fremden Menschen in Kontakt zu treten. Ich war sozusagen Allgemein an neuen Sachen interessiert.

Ich sprach auch gerne in Bildern, da sich mein Gegenüber dadurch besser vorstellen konnte, was ich meinte, so dachte ich mir.

Bei einer neuen Stelle stellte ich mir immer vor, ich wäre ein Frosch in der Sahne. Ich musste nur genug strampeln, bis bis Sahne fest wurde und ich nach oben kam.

Erfolg bekommt man halt nur durch Anstrengung.

Auch in diesem Job gab es unter den Kollegen zwei Typen.

Die einen verkauften alles.

Wichtig war ihnen nur, das es eine Provision einbrachte. Andere, zu denen auch ich zählte, verkauften nur die Produkte, von denen sie auch selber überzeugt waren.

Viel Mühe gab sich die Versicherung auch mit ihren Angestellten.

Wir wurden anfangs zu vielen Schulungen und Seminaren geschickt.

Ich hatte mich ja eh schon damit abgefunden, dass das ganze Leben ein Lernprozess ist. Das würde wohl niemals aufhören. Für neue Aufgaben war ich mittlerweile Profi geworden.

Was hatte ich nicht schon alles gemacht.

Durch die Seminare und Schulungen lernte ich zudem viele Hotels und Städte kennen, die ich vielleicht so nicht besucht hätte.

Es war schon interessant, jeden Tag den Kontakt zu neuen Menschen zu suchen.

Eines wurde mir aber damals schon klar. Der Druck und den Stress, den mittlerweile jeder Beruf mit sich brachte, der wuchs. Ich merkte es selbst durch die immer öfter auftretenden Migräneanfälle, die mich in der Folgezeit heimsuchten.

Für mich war das aber fast schon normal geworden. Scherzhaft sagte ich dann immer zu Kollegen, dass ich für Kopfschmerzen nicht einmal Alkohol trinken müsse.

Ich schob es immer auf das Wetter.

Nach einiger Zeit bekam ich durch Zufall mit, dass in einem Nachbarort ein großes Schulschwimmbad in ein Freizeitbad umgebaut werden sollte.

Mein Interesse war geweckt.

21. Ich und der Bademeister

Das war der erste Betrieb, den ich von Grund auf mit aufbauen und einrichten konnte.

Ein altes Schwimmbad, dass in ein Freizeitbad umgebaut werden sollte, das war interessant. Was musste man alles beachten? Wie und wo sollten die Geräte stehen, damit die Betriebsabläufe bestmöglich funktionierten?

Das war in zweierlei Hinsicht genau das Richtige für mich. Ich konnte meine Fantasie spielen lassen. Was für mich noch viel wichtiger war, ich konnte wieder in meinem Beruf als Koch arbeiten.

Die Freude war also groß. Ich war zurück zu den Wurzeln gekommen. In meinen ersten Beruf. Jetzt erst merkte ich, was ich die ganze Zeit vermisst hatte.

Doch diese Aufgabe war eine Herausforderung. Musste ich doch an so vieles denken.

Als erstes wollte ich mir die Gegebenheiten vor Ort ansehen.

Was soll ich sagen? Es war halt eine Baustelle.

Man konnte sich nur mit viel Fantasie vorstellen, wie es später einmal aussehen sollte. Da ich als Koch eh sehr kreativ bin, konnte ich mir natürlich schon jetzt den späteren Betrieb vorstellen.

Meine Gedanken, was zu machen war, blühten auf.

Schnell hatte ich eine Karte vorbereitet, die meine zukünftigen Gäste verwöhnen sollte.

Wir waren mehrere Abteilungen. Die Badeaufsichten, die Gastronomie Mitarbeiter, das Kassenpersonal und die Verwaltung, angeführt vom Bad Manager.

Wir trafen uns in der Umbauphase jede Woche in der Stadtverwaltung, um die Abläufe des zukünftigen Freizeitparadieses zu besprechen.

Da ich mein Küchenteam so schon vorab kennen lernen konnte, war es auch wichtig für mich, dass meine Kolleginnen mit der Speisenkarte und den Abläufen der Gastronomie klar kamen. So feilten wir als Team weiter an der Karte.

Es wurde ein komplett neues Kassensystem installiert, dass auch die Transponder Schlüssel lesen konnte. So konnten die Gäste, ohne Bargeld, während ihres Aufenthaltes die Speisen und Getränke bezahlen.

Zudem mussten wir die Speisen und Getränke programmieren lassen.

Ich hatte auch noch auf einiges mehr zu achten.

Bei der Einrichtung der Küche fiel mir auf, dass der Ofen so verbaut war, das es im späteren Betrieb einen Hitzestau unter einer Arbeitsplatte geben würde. Ich sagte dies dem Kücheneinrichter.

Dieser Mensch wurde direkt aggressiv und von oben herablassend. Er meinte, ich solle mich doch lieber um meinen Bereich kümmern und das andere den Fachleuten überlassen.

Ich erklärte ihm, dass es sich sehr wohl um meinen Bereich handelt und ich ja schließlich später mit dem Murks zu arbeiten habe, den er grade fabriziert.

Ich glaube, da hatte ich etwas losgetreten. War es doch sonst nicht meine Art mit anderen Leuten zu streiten.

Die Lage drohte zu eskalieren, da kam mir, wie so oft, der Zufall oder besser gesagt, das Glück zur Hilfe. Und zwar in Form des Herrn vom Gesundheitsamt. Dieser war grade zufällig in der Gegend und wollte sich nur über den Baufortschritt in der Gastronomie informieren.

Das Gute dabei war, dass man noch etwas verändern konnte, solange der Bau noch nicht fertig war. Wenn zur Endabnahme durch das Amt etwas fehlerhaft gewesen wäre, hätte das nur unnötige Zeit und wahrscheinlich höhere Kosten verursacht.

Wie gesagt, hatte ich Glück das dieser Herr grade vor Ort war.

Ich zog ihn mit hinzu und fragte, was er denn machen würde , wenn ich die Küche so in Betrieb nehme.

Er sagte, während er sich direkt dem Kücheneinrichter zuwandte, dass er die Küche direkt wieder schließt, wenn der fehlerhafte Einbau nicht korrigiert würde.

Dem Kücheneinrichter fiel die Kinnlade herunter und meine Laune stieg aus unersichtlichen Gründen in ungeahnte Höhen.

Jetzt hatte ich, glaube ich, gewonnen.

Ich setzte noch einmal nach und fragte, bis wann es denn nun funktionstüchtig sei.

Der Kücheneinrichter war glaube ich in dem Moment so aus dem Konzept, dass er plötzlich, entgegen seinem bisherigen Verhalten, sehr nett zu mir wurde.

Mir war bewusst, das es gemein war, aber manchmal hat man solche Momente im Leben, wo eine aussichtslose oder verfahrene Situation eine plötzliche und gute Wende nimmt.

Die Eröffnung konnte kommen.

Für mich gab es natürlich auch viel Neues in dieser Zeit.

Ich merkte auch, das ich durch mein bisheriges, so buntes Leben, nicht nur immer viel arbeiten musste, nein, ich konnte sogar mittlerweile auch sehr gut organisieren.

Es machte so richtig Spaß, sich in der Folgezeit in die Arbeit zu stürzen. Für mich gab es nichts anderes als die Arbeit. Ich brauchte wohl den Stress.

Dann kam der Moment, als sich der Bad Manager immer wieder in meine Küche und deren Organisation einmischte.

Es gab so einige Dinge, die er umsetzen wollte, die aber aus meiner Erfahrung heraus nicht funktionieren konnten.

Plötzlich wollte er, dass ich zum Beispiel alkoholfreies Bier vom Fass anbieten solle. Ich erklärte ihm, dass ich aus Erfahrung weiß, dass so etwas nicht läuft und das Fass eher Sauer würde, bevor es verkauft sei.

Ich bekam nach meinen Erklärungen in der Folgezeit immer wieder den Standartspruch zu hören, dass wir es aber trotzdem versuchen würden, egal welche Begründung ich auch immer lieferte.

Also, das Fass wurde bestellt.

Und circa drei Wochen nach dem Fassanstich war mein Moment gekommen.

Ich ging morgens an der Zapfanlage vorbei und vernahm einen sehr unangenehmen Geruch.

Ich nahm es erst einmal so hin und wartete, bis der Bad Manager zur Arbeit erschien.

Es war so ungefähr 9 Uhr morgens.

Sofort zapfte ich ein "frisches" Bier. Man kann sich nicht vorstellen, wie bestialisch dieser Geruch war.

Ich nahm also dieses Bier und ging zum Büro des Managers. Dort stellte ich ihm das "frisch" gezapfte beherzt auf den Tisch und sagte Prost.

Es dauerte einen Moment, bis sich der Manager gefangen hatte und mich fragte, was das soll, das ich so mit ihm umgehe.

Ich bat ihn nicht etwa um Verzeihung sondern forderte ihn mit fester Stimme auf, doch wenigstens einmal an dem Bierchen zu riechen.

Mir war zu dem Zeitpunkt egal, welche Folgen mein Handeln haben würde, denn ich hatte die Nase so richtig voll von Leuten die mir meinen Beruf erklären wollten.

Wir beruhigten uns beide wieder. Machte es doch keinen Sinn sich weiter anzugiften.

Er fragte mich, wie denn so etwas passieren könne. Ich wies ihn auf unser Gespräch vor drei Wochen hin, bei dem ich genau diese Situation vorhersagte.

Es war also geklärt was schief gelaufen war.

Vorerst mischte sich niemand mehr in meinen Fachbereich ein.

Bis zu der Zeit, als der Bad Manager immer wieder Aktionen startete, die uns allen, auch den Bademeistern sinnlos vorkamen.

Es fing an langweilig zu werden. Ich hatte wohl auch keine Kraft mehr, ständig die Fehler anderer zu korrigieren.

Es war trotzdem eine sehr schöne Zeit dort und wir hatten im Team einen guten Zusammenhalt.

Auch hier hatte ich viel dazu gelernt, aber auch ein paar mehr graue Haare dazu bekommen. Ich merkte, dass ich nicht mehr der Alte war. Eines hatte ich gelernt. Das Leben verändern sich mit jedem Tag und jedem neuen Erlebnis.

In der Folgezeit erwischte ich mich immer wieder dabei, wie ich in der Tageszeitung bei den Stellenangeboten hängen blieb.

War es wieder soweit?

War die Zeit reif für etwas anderes?

Dann kam die Währungsumstellung.

Der Euro stand vor der Tür.

Ich entdeckte eine Stellenanzeige, die ich sehr interessant fand. Es war im Management und hatte etwas mit dieser neuen Währung, dem Euro zu tun.

Ich dachte mir, dass es an der Zeit sei, einen Wechsel vorzunehmen.

Obwohl diese neue Stelle nur für drei Monate befristet war, wollte ich es unbedingt versuchen und bekam direkt eine Zusage.

Die Kündigung zu schreiben fiel mir irgendwie nicht so schwer.

Ich war gespannt, was mir das dreimonatige Intermezzo im Handel so bringen würde. Auf Neues einstellen konnte ich mich mittlerweile ja schon recht gut.

22. Arbeit im Lebensmittelhandel

Da war ich wieder raus aus der Gastronomie.

Na wenigstens hatte die neue Tätigkeit auch etwas mit Lebensmitteln zu tun.

Und der Verdienst war gigantisch.

Ich bekam fast das 3-fache meines bisherigen Salaire.

Es war zwar nur eine kurze Zeit, die ich dort verbrachte. Aber um für das Leben zu lernen ist nicht die Dauer einer Beschäftigung entscheidend.

Vielmehr ist von Bedeutung, was man sich an positiven Impulsen mitnehmen kann.

Das Negative hatte ich mir bis Dato aus meinen Stellen auch schon gemerkt, aber ich hatte es gut weggelegt, um nicht zu sagen gerne vergessen.

Bei meiner Arbeit ging es nun darum, den Betriebsleiter bei der Umstellung von der D-Mark zum Euro unter die Arme zu greifen. Und es gab viel zu tun.

Diese drei Monate gingen sehr schnell vorbei.

Am Ende dieser Zeit wurde ich sogar gefragt, ob ich nicht als Springer für das gesamte Verkaufsgebiet arbeiten wolle.

Ich hörte mir den Vorschlag an und überlegte das Für und Wider der Stelle.

Wollte ich wirklich ein Leben aus dem Koffer?

Gut, der Verdienst sprach für sich. Aber ich wäre so gut wie nie zu Hause. Ich hatte bis dahin durch meinen Beruf schon genug auf mein Privatleben verzichten müssen. Und nur wegen des Geldes?

Nein, das war es nicht.

Natürlich war ich dankbar und auch ein wenig Stolz, dass man mich bedacht hatte. Es baut einen schon auf, wenn einem bewusst wird, gebraucht zu werden.

Nun, mein Drang nach dem Neuen und Ungewissen wurde wieder geweckt. Eine neue Stelle musste her.

Es war zu der Zeit schon der Fall, dass niemand mehr in der Gastronomie arbeiten wollte.

Hatte ich doch schon so viele gesehen, deren Beziehungen und das private Leben durch diesen harten Beruf zerstört wurde.

Ich hatte von so vielen Kollegen gehört, die als ungelernte Hilfskräfte in die Industrie gingen, um ihre Familie ernähren zu können.

Es war halt so, dass es in der Gastronomie wenig Geld für viel Arbeit gab.

Trotzdem wollte ich wieder zurück in die Gastronomie.

Heute frage ich mich manchmal, warum ich das so gemacht habe.

Eine Antwort darauf habe ich bis jetzt noch nicht gefunden.

Aber wahrscheinlich würde ich alles genau wieder so machen.

Nach kurzer Suche fand ich also wieder eine interessante Stelle. Diesmal sollte es die Arbeit an der Rezeption werden.

Die Grundlagen für diese Tätigkeit hatte ich ja bereits als Hotelbetriebswirt gelernt.

Und mich auf neue Situationen einstellen, das konnte ich auch gut.

Ich war halt sehr flexibel geworden.

23. Zurück in der Gastronomie

Wieder einmal fasste ich Fuß in meinem so geliebten Berufsfeld.

Dieses mal fand ich, wie erwähnt, Arbeit an der Rezeption eines Hotels.

Ehrlich gesagt, kam ich mir vor wie beim heiteren Berufe wechseln, wie ich es später scherzhaft immer sagte.

Meine Bewerbungsunterlagen füllten schon eine kleine Broschüre. Und je mehr ich machte, desto mehr halste ich mir noch zusätzlich auf.

Ich merkte auch damals schon, das der Stress und Druck immer größer wurden.

Lag es vielleicht daran, dass immer weniger Personal immer mehr Arbeit leisten musste?

Das Einzige, was sich nicht veränderte, war das Gehalt und die kostenlosen Überstunden, die ständig und beständig immer mehr wurden.

Für den Gast da sein, das war schon eine tolle Sache. Aber sich dabei selber aufgeben? Das sollte mir später noch zum Nachteil werden. Und zwar Gesundheitlich.

Während sich die Hoteliers alles gönnen konnten und dies auch machten, konnten viele in der Gastronomie Beschäftigten sich so gut wie nichts leisten.

Ich hatte da mehr Glück.

Durch meine vielfältige Einsatzbereitschaft in allen bisher ausgeübten Berufen, hatte ich immer gut verdient.

Aber auch an mir ging der ständige Druck und der Stress nicht spurlos vorbei. Ich bekam in der Folgezeit immer wieder starke Migräneanfälle.

Ich schob es anfangs, wie auch schon früher, auf eventuelle Wetterwechsel.

Mit meinem Beruf konnte es nicht zusammen hängen, den machte ich ja gerne.

Doch irgendwann kam der Tag, an dem es anfing schwer zu werden.

Ich quälte mich morgens aus dem Bett und dann zur Arbeit. Die Migräne war mein ständiger Begleiter. Ich aß Schmerztabletten wie andere Schokoladen Drops.

Anstatt es besser wurde, kamen immer mehr Symptome hinzu.

Von Übelkeit bis Konzentrationsstörungen.

Bis der Tag kam, als es nicht mehr ging. War ich doch niemals zuvor Krank.

Ich konnte einfach nicht mehr. Mein Akku war wohl leer.

Ein tiefes, großes Loch tat sich vor mir und meinem bisher so erfolgreichen und lebhaften Leben auf.

Ich sah keinen Ausweg aus dieser verfahrenen Situation. Ich dachte, dass mir aus dieser Situation niemand heraus helfen konnte.

Doch ich hatte Glück. Ich hatte damals eine sehr gute ärztliche Betreuung.

Da ich so nicht weiter machen konnte, bekam ich zunächst eine Kur.

Ich kann mich noch daran erinnern, dass ich kurz vor Kurantritt noch bei mir dachte, dass nur alte und Kranke Leute in Kur müssen. Ich sah irgendwie keinen Sinn in einer solchen Maßnahme.

Ich hatte, so meine Meinung, doch nur Migräne.

Während meiner Kur in Bad Pyrmont lernte ich auch einige interessante Leute kennen. Sie kamen aus allen Berufszweigen und waren überwiegend wegen Stresserkrankungen dort.

Aber an eine Stresserkrankung glaubte ich bei mir nicht.

Aber ich war ja auch kein Arzt.

Ich wurde während dieser Zeit quasi auf den Kopf gestellt. Alles erdenkliche, was im Zusammenhang mit meinen ständigen Kopfschmerzen stand, wurde untersucht.

Dann stand es fest. Auch ich hatte einen, wie man heute in Neudeutsch sagt, Burn Out.

Jetzt musste ich erst einmal wieder auf einen Level gebracht werden, dass die ständigen Schmerzen weggingen.

Mit jedem Tag dort ging es mir besser und ich fasste wieder Mut und Selbstvertrauen.

Es konnte also weiter gehen. Irgendwie!?

Doch es kam, wie meistens im Leben, auch hier anders, wie erwartet.

Ich sollte nicht mehr in meinem geliebten, so Stress behafteten Beruf arbeiten. Es hieß nun, etwas neues lernen und neue Wege gehen.

Grundsätzlich hatte ich ja nichts gegen etwas Neues. Ich war ja immer offen für Abwechslungen.

Mit noch jungen 35 Jahren startete ich mit einer Ausbildung zum Sofa.

24. Mit dem SOFA auf neuen Wegen

Zuerst dachte ich, was habe ich mir da wieder eingebrockt?

Sofa hörte sich ja irgendwie gemütlich an.

Doch war es nur die Abkürzung für Sozialversicherungsfachangestellter, was sich schon etwas schwieriger anhörte.

Aber ich war ja bereit und offen für Neues.

In dem Alter sollte ich nochmal zur Schule gehen. Ich dachte schon vor einiger Zeit, dass ich genug gelernt hätte. Aber jetzt wurde mir immer klarer, dass der ganze Lebensweg und so auch das Berufsleben ein ständiger, nie aufhörender Lernprozess ist.

Da saß ich nun in der Schule. Wir bekamen in den ersten Tagen unsere Fachbücher und rutschten langsam aber stetig immer tiefer in den Lernprozess hinein.

Es waren dicke und schwere Bücher. Voll mit Gesetzen und Paragraphen.

Das alles musste ich also nun irgendwie in meinen Kopf rein bekommen.

Ich bewunderte besonders einen Dozenten, der uns die Rechtsgrundlagen näher bringen sollte.

Er kannte anscheinend jeden dieser dicken Wälzer auswendig. Und das inklusive dem Paragraphen, dem Absatz und der Satznummer.

Ich hätte niemals gedacht, dass ich noch einmal so viel Spaß beim Lernen entwickeln würde.

Ich wuchs auch hier so richtig in meinen neuen Beruf hinein.

Je komplizierter die gestellten Aufgaben und Fragen waren, umso mehr ging ich in meinem neuen Aufgabenfeld auf.

Da ich im Wohnheim der Vollzeitschule ein Apartment bewohnte, blieb in der Freizeit genug Luft, um auch die Gegend zu erkunden. War ich doch ein Dorfkind und zuvor maximal einmal im Monat in einer Stadt, so war ich jetzt täglich dort unterwegs.

Die Schule lag in der Nähe eines größeren Shopping Centers und das Centro Oberhausen war auch nicht weit entfernt.

Da ich ja irgendwie zum Lernprofi geworden war, hatte ich mittlerweile nicht mehr die große Angst vor Klausuren und Prüfungen.

Ich hatte dort meine eigene Lernmethode entwickelt. So benötigte ich später für Klausuren und anstehende Tests nur noch einen minimalen Lernaufwand.

Ich ging so vor, dass ich im Unterricht nur einen Notizblock benutzte, auf den ich alles in meiner Schnellschrift zur Notiz brachte.

Diese Schrift war irgendwie nur ich in der Lage zu lesen. Man hätte meinen können, ich wollte ein Doktor werden. Der Kugelschreiber floss nur so über die Blätter.

Und am Abend, nach dem Essen, setzte ich mich gemütlich an meinen Schreibtisch und schrieb mit einem Füller in meiner schönsten Sonntagsschrift alles, nochmals nach Fächern getrennt, auf.

Ich nehme an, dass ich durch dieses nochmalige Aufschreiben alles gelernte so verinnerlichte, sodass ich kaum noch weiter für die Arbeiten lernen musste.

Nach einem Jahr war ich dann sogar soweit, dass ich, wie mein großes Vorbild, auch die dicken Gesetzesbücher so gut wie auswendig gelernt hatte.

Während meiner Prüfung   hatte ich fast Bildlich alle Lösungen vor mir schweben. Irgendwie ging alles glatt.

Meine Prüfung war so gut, dass ich direkt nach der Prüfung ein Angebot von einer Betriebskrankenkasse vorliegen hatte. Ich sagte natürlich direkt zu.

Schon am nächsten Tag suchte ich mir eine Unterkunft. Ich kam zum Glück bei einer Freundin unter. Der tägliche Weg zur Arbeit war zwar von dort aus etwas weiter, aber dafür war man am Abend auch nicht alleine.

Zudem war ich noch Besitzer einer sehr schönen Campingparzelle, die noch näher an meiner neuen Arbeitsstelle lag. So konnte ich auch hier ab und zu die Abende genießen.

Doch als wenn ich schon irgend etwas erwartet hätte.

Immer wenn es mir im Leben gut geht und ich mich grade an etwas gewöhnt hatte, dann wartete garantiert hinter der nächsten Ecke eine Veränderung auf mich.

Irgendwie hasste ich ja Veränderungen. Auch mein Sternzeichen Krebs stand dem entgegen. Aber ich war ja gewissermaßen zu einer Art Profi für neue Lebenssituationen geworden.

Es kam, wie es kommen musste.

Eines schönen Tages fusionierte meine Krankenkasse mit mehreren anderen und es wurde so einiges an Stellen in der Verwaltung zusammengelegt. Es war die Zeit, als die erste große Gesundheitsreform anstand.

Es ist seitdem immer so, wie ich meine.

Überall wo sich der Staat einmischt, geht das garantiert in die Hose und kostet alle viel Geld und so manche Arbeitsplätze.

Ich wurde unverhofft in die Chefetage gerufen und man bot mir eine Anstellung in Süddeutschland an.

Ich bat um ein wenig Bedenkzeit, da ich ja eine Wohnung und meinen Campingplatz noch vor Ort hatte. Ich müsse mich ja schließlich nach einer neuen Wohnung umschauen.

Das wurde abgelehnt. Ich sollte mich direkt und jetzt entscheiden.

Das konnte und wollte ich jedoch nicht.

Ich war zwar etwas Enttäuscht von dem Vorgehen der Herren in der Chefetage. Aber es waren ja im Endeffekt auch nur Marionetten des großen Spiels von Macht und Geld.

Ich schaute mich noch direkt in der selben Nacht nach Alternativen um.

Da es in diesem Beruf und durch die Schuld unserer ach so abgesicherten Politiker, die ihre Finger nicht aus funktionierenden Systemen lassen können, keine große Chance auf eine dauerhafte Beschäftigung mehr gab, schaute ich mich auch in anderen Bereichen um.

Ich hatte mir ja eine breite Palette an Ausbildungen im laufe der Jahre angeeignet.

Man sollte es kaum glauben, aber auch hier war mir das Glück wieder einmal holt und ich bekam die Chance durch einen ehemaligen Schulkollegen eine Arbeit zu bekommen, die ich direkt starten konnte.

Es war dort sehr langweilig und stupide zu arbeiten. Dadurch hatte ich aber erstens einen Job und zweitens genug Zeit, um mir eine gute neue Stelle zu suchen.

Es verschlug mich in der Folgezeit nach Bochum und danach wieder ins Sauerland.

Ich hatte eine neue Aufgabe gefunden.

25. Der Kunde ist König

Ich hatte also nun eine Anstellung in der Kundenbetreuung einer großen Elektronik Firma gefunden.

Es war schon eine interessante Sache.

Mit Computern kannte ich mich ja mittlerweile auch schon gut aus.

Nicht etwa, was die Programmierung oder Reparatur anging. Aber die Klaviatur der PC Programme beherrschte ich recht gut.

Ich kam jeden Morgen entspannt zur Arbeit.

Dort wartete schon das für mich wichtigste Instrument, der Kaffee.

Ich fuhr meinen PC hoch und startete die zahlreichen Programme. Dann platzierte ich meine Nervennahrung in Form von allerlei Süßigkeiten neben dem PC.

So nun war ich startklar für den Tag.

Man musste sich schon sehr konzentrieren.

Ich merkte oft gar nicht, welche Mengen an Kaffee und Süßkram ich schon vertilgt hatte.

Mit jeder Süßigkeit die verschwand, wuchs auch irgendwie, für mich völlig unverständlich, mein Körperumfang.

Ich konnte mich bald nur noch schleppen und jede Treppe war der Horror für mich.

Ich dachte mir, wenn ich die nächsten Jahre noch überleben will, muss ich etwas unternehmen, sonst würde ich irgendwann mal platzen.

Ich traf mich nach einer Zeit auch wieder einmal mit alten Bundeswehr Kollegen. Einer von ihnen erzählte mir von einer Stellenausschreibung in einem Krankenhaus als Koch.

Ich behielt es im Gedächtnis und ging aber zunächst weiter meiner Arbeit nach.

Dann verspürte ich wieder einmal den Drang, etwas in meinem Leben müsse sich ändern.

Also schickte ich einfach eine Bewerbung für diese Stelle an das Krankenhaus.

Der Arbeitgeber schien schon etwas länger zu suchen und so bekam ich sehr schnell eine Zusage.

Mich zog es also nach all den neuen Eindrücken wieder zurück zu den Wurzeln.

Ich wurde wieder Koch.

26. Zurück zu den Wurzeln

Endlich, nach so langer Zeit, hatte ich die Gelegenheit bekommen, wieder als Koch zu arbeiten.

Obwohl, in einem Krankenhaus war ich noch nicht tätig.

Ich war schon gespannt, was mir diese neue Herausforderung so bringen würde.

Die Arbeit als Koch in einem Krankenhaus war so völlig anders als das, was ich bis jetzt aus meinen Stellen bereits kannte.

Es war, so schien mir, alles bis ins Detail durchorganisiert.

Es gab auch viel mehr zu beachten. Viele Patienten, die zum Beispiel grade eine Operation hatten, waren auf spezielle Kost angewiesen.

Wir hatten für jeden Kunden eine Karteikarte, die von der Diätassistentin nach speziellen Bedürfnissen des Patienten angefertigt wurde.

Auch gab es eine extra Abteilung für die Sonderkost. Dort musste alles auf das Gramm genau abgewogen werden.

Der Vorteil dieser Arbeit lag klar auf der Hand. Man hatte sehr früh Feierabend und bekam nicht noch im letzten Moment einen Bus voller a la Carte Gäste.

Weiterhin war dem Krankenhaus noch eine Kindertagesstätte und ein Altenheim angeschlossen, die auch von uns versorgt wurden.

Die erste Zeit genoss ich wirklich, hatte ich doch sonst davor niemals so früh Feierabend wie hier.

Dann wurde es irgendwann etwas langweilig, weil der Alltag mich eingeholt hatte .

Jeden Tag wurde das von uns vorbereitete Essen mittags am Band auf die Klinik Teller verteilt, um sodann von unserem Hol- und Bringedienst auf die Stationen bzw. in die Außenstellen gebracht zu werden.

Ich suchte nach einem Ausgleich, weil ich nachmittags natürlich nun sehr viel Zeit hatte. Doch was sollte ich machen? Hatte ich doch bis jetzt immer meine ganze Energie in die aktuelle Stelle gesteckt.

Eines muss ich noch erzählen. Ich hatte durch meine vorherige Stelle mit dem damit verbundenen Bewegungsmangel und der gefühlt Tonnenweise vertilgten Süßigkeiten und den hunderten Litern Kaffee einiges an Gewicht zugelegt. Ich schätze, es waren so 20 bis 25 Kilogramm.

Durch die viele Bewegung, die ich in meinem neuen Berufsfeld bekam, schmolzen die Kilos sehr schnell dahin und ich hatte mein altes Gewicht wieder erreicht.

Doch immer wieder kam die Frage auf, was ich mit meiner neu gefundenen Freiheit und Freizeit machen kann.

Da ich schon immer sehr geschickt mit den Händen arbeiten konnte und ich zu dem noch viel Fantasie mitbrachte, baute ich eine zufällige Gefälligkeit für eine Bekannte einfach weiter aus.

Diese Bekannte hatte eine alte Kette von ihrer Großmutter geerbt. Sie konnte diese aber nicht tragen, da der Verschluss defekt war.

Kurzerhand nahm ich das Teil und reparierte den Verschluss.

In der Folgezeit kamen immer mehr Leute aus meinem Bekanntenkreis, um sich ihre lädierten Erbstücke instandsetzen zu lassen.

Dadurch kam ich auf die Idee, doch selbst Schmuckstücke herzustellen.

Gesagt, getan. Ich ging zum Rathaus meiner Stadt und meldete kurzerhand ein Klein- und Nebengewerbe an. Also bekam ich einen Gewerbeschein.

Jetzt konnte ich auch im Schmuckhandel die nötigen Ersatzteile kaufen.

Um meine Kreativität auszuweiten, fuhr ich auch nach Idar Oberstein, um dort Perlen und Halbedelsteine zu erwerben.

Die Nachfrage wuchs. Neben den Reparaturen, die ich meist kostenlos machte und nur die Ersatzteile berechnete, hatte ich nun auch selbst designte Schmuckstücke anzubieten.

Es wurde gut angenommen.

Irgendwann wurde es so viel, dass ich die Abläufe optimieren wollte, konnte ich doch gut organisieren.

Ich veranstaltete Schmuckabende. Es war immer sehr spannend, ob meine Preziosen anklang finden würden?

Ich war überrascht. Es schlug voll ein und ich verkaufte gut.

Diese Abende waren schon sehr interessant. Ich hatte mir einen riesengroßen Schmuckkoffer gekauft.

Dieser konnte mehrfach aufgeklappt werden und zudem besaß er noch jede Menge Fächer und kleine Schubladen. Ein richtiges Frauenparadies offenbarte sich, wenn ich diesen Altargleichen Koffer öffnete.

Ich machte es auch immer spannend. Zu jedem Abend brachte ich eine Flasche Sekt mit, um die Stimmung zu lockern. Dann unterhielten wir uns gemütlich. Ich war meistens mit fünf bis sechs Damen an diesen Abenden verabredet.

Ich wartete meist so lange, bis die erste Dame es nicht mehr aushielt und fragte, was ich denn nun in diesem riesigen Koffer hätte.

Darauf hin öffnete ich dieses kleine Schmuckparadies und die Damen gingen auf Entdeckungsreise und durchstöberten meine angebotenen Waren.

Ich muss sagen, es war immer ein voller Erfolg und ich ging meist mit fast leerem Koffer nach Hause.

Ich hatte ein neues Hobby gefunden.

Dieses Geschäft lies sich ja auch gut mit meinem Job in dem Krankenhaus vereinbaren, da ich nachmittags genug Zeit hatte.

Auch in dem Krankenhaus holte mich die Routine ein. Es wurde langweilig. Zum Glück hatte ich ja jetzt einen schönen Ausgleich gefunden.

Es lief alles soweit gut. Ich hatte mir sogar in der Nähe ein Apartment gekauft. Ich war sesshaft geworden.

Bis zu dem Tag, der alles ändern sollte.

Meine Mutter wurde krank. Jedes mal fuhr ich zurück in die Heimat, wenn es wieder schlechter wurde. Es war sehr belastend, da auch die ständige Fahrerei und die Ungewissheit, was am nächsten Tag geschieht, sehr an meinen Nerven und auch an meiner Gesundheit nagten.

Ich beschloss mir wieder etwas in meiner Heimat zu suchen.

Also fing ich an, die wöchentlichen Stellenangebote zu studieren.

Eine Anzeige fiel mir besonders ins Auge. Kurz entschlossen schrieb ich das Hotel an.

Zu meiner Verwunderung bekam ich am nächsten Tag eine Antwort. Ich solle doch direkt einmal vorbei schauen. Ich war erfreut über so eine schnelle Reaktion des Hoteliers.

Im Rückblick fing dort wohl schon die Zeit an, in der Köche eine seltene Berufsgruppe wurden. Es fing an spannend zu werden. Ich hatte das Gefühl, dass sich der Kampf um Fachpersonal immer mehr ausweitete.

Als ich in dem Hotel zum Vorstellungsgespräch eintraf, war ich schon sehr positiv überrascht.

Es glich einem Palast.

Ich wartete nun im Empfangsbereich auf meinen Gesprächspartner.

Dieser kam nach kurzer Zeit mit seinem Gefolge in dieser riesigen Empfangshalle auf mich zu. Es musste der kleine Mann sein, der diese Gruppe anführte.

Wie ich später erfuhr, waren es alle Abteilungsleiter, die zuvor eine Besprechung hatten.

Der kleine Mann stellte sich mir als Besitzer vor und zeigte mir direkt das ganze Hotel und meinen neuen Arbeitsbereich. Irgendwie hatte ich das Gefühl, das ich schon eingestellt war.

Und tatsächlich kam sodann die Frage, wann ich denn anfangen könne.

Das ging mir etwas sehr schnell. Ich fragte noch kurz nach Gehalt und Arbeitszeiten.

Dies stellte aber auch keine weitere Hürde für eine Zusage meinerseits dar.

Also hatte ich wohl eine neue, gut dotierte Stelle gefunden. So schnell ging es wirklich noch nie zuvor.

Und ich war Glücklich wieder in der Heimat zu sein.

27. Chefkoch...die Überraschung.

Ich war also froh, wieder zu Hause zu sein. Man könnte jetzt meinen, ich hänge sehr an meiner Heimat.

Das alleine war es nicht.

Ich wohne in einem schicken alten Fachwerkhaus.

Das Haus ist seit 1870 in Familienbesitz. Das verpflichtet natürlich auch. Wenn ich daran denke, was meine Eltern ihr Leben lang an Liebe und Zuwendung, abgesehen von den nicht unerheblichen Geldbeträgen in dieses Schmuckstück sauerländischer Handwerkskunst fließen haben lassen.

Das wollte man natürlich weiterführen und erhalten.

Ich hatte also wieder einmal Glück und diese Stelle, nicht weit entfernt, gefunden.

Ich hatte ja in meinem turbulenten Berufsleben schon alles erbebt, so dachte ich mir.

Aber welche bunte Vielfalt an Arbeit und Erlebnissen in dieser Stelle noch kommen sollten, das hätte ich zu diesem Zeitpunkt nicht erwartet.

Ich kann mich noch gut an die ersten Tage erinnern.

Eines fiel mir nur auf.

Für einen Betrieb dieser Größe hatte ich eigentlich erwartet, dass sich mir ein Küchenleiter vorstellt und mir Aufgaben gibt oder mich in einen Arbeitsbereich einteilt.

Auf Nachfrage wurde mir von den Kollegen mitgeteilt, dass der Küchenchef aufgehört hatte und grade ein neuer gesucht würde.

Nach zwei Tagen Einarbeitung wurde ich dann plötzlich am dritten Tag zum Direktor gerufen. Meine Hände wurden nass. Hatte ich etwas falsch gemacht? Die Aufregung war groß.

Aber was sollte es? Ich rechnete lieber mit dem Schlimmsten, dann war ich wenigstens nicht überrascht.

Als ich dann das Büro des Direktors betrat, war ich doch überrascht. Ich blickte in ein strahlendes Gesicht. Es war der Direktor. Er bat mich freundlich platz zu nehmen. Was dann kam, damit hatte ich in meinen kühnsten Träumen nicht gerechnet.

Er sagte mir, dass er sich noch einmal meine Bewerbungsunterlagen etwas genauer angesehen hatte.

Er fuhr weiter fort, dass er fast vom Stuhl gefallen wäre, wie umfangreich doch meine Ausbildung sei.

Es würde ja grade zu nach einer Küchenchef Stelle schreien, so seine Worte.

Ich war platt und erst einmal sprachlos, angesichts solchen Lobes, dass bis dato in der Gastronomie üblicherweise immer eher sehr sparsam von den Vorgesetzten verteilt wurde.

Was sollte ich sagen?

Ein eher schüchternes Ja verließ meinen Mund.

War ich nun also Küchenchef eines 450 Betten Hotels, dem wie ich später erfuhr, noch eine Außenstelle angehörte.

Ich versäumte es sogar nach einer Gehaltsanpassung zu fragen, so aufgeregt war ich angesichts der so plötzlichen Beförderung. Aber das kam später von selbst und selbstverständlich lohnte sich es auch für mich.

Als ich wieder in die Küche zurück kam, fragten mich meine noch für mich neuen Kollegen, was denn jetzt passiert sei, dass ich zum Direktor musste.

Ich hatte es ja selbst noch nicht richtig verarbeitet, dass ich nun das Sagen hatte.

Eher ruhig und noch etwas Schüchtern erzählte ich von meinem Erlebnis. Meine Kollegen nahmen es einfach erst einmal als gegeben hin.

Von diesem Tag an änderte sich alles.

Es wurde Stressig. Aber das kannte ich ja von früher.

Ich konzentrierte mich zuerst auf meine Stärke. Es war die Organisation der Küche.

Vom Dienstplan schreiben über Reinigungspläne und die Bestellungen. Das alles war jetzt meins, also besser gesagt meine Aufgaben.

Da ich aber früher schon eher sozial eingestellt war, fühlte ich mich natürlich vom ersten Tag an für meine Kollegen mit verantwortlich.

Ich stellte mich voll hinter mein Küchenteam. Aber, so schien mir, stellten sich einige nicht auf mich ein.

Anfangs war es wirklich schwer manche zum Arbeiten zu bewegen.

War es doch nicht meine Art, Leute zum Arbeiten zu zwingen.

Grade in diesem Kreativen Beruf empfand ich jede Art von Einschränkung und Vorschriften als Kreativitätsbremse.

Ich ging mit gutem Beispiel voran und war so immer der Erste, der morgens die Küche betrat und fast immer der Letzte, der abends ging.

Mir machte es nichts aus, da ich voll in meiner Aufgabe aufging.

Irgendwann kam dann der Moment, da auch die größten meiner Kritiker aufgaben. Auch diese Mitarbeiter kamen plötzlich auf mich zu und fragten nach Arbeit, die sie erledigen wollten. Die Einteilung fiel mir leicht, da ich mittlerweile die Stärken meiner Kollegen ganz gut kannte.

Es lief glatt.

Wir lieferten tagtäglich die schönsten Buffets für unsere Gäste. Vom Frühstück bis zum Abendbuffet und nicht zu vergessen, die Themenbuffets. Alles war perfekt durchorganisiert.

Wir bekamen jeden Montag und Freitag einen neuen Schub Gäste. Und das waren nicht wenige.

Ich hatte alleine im Hauptbetrieb fünf große Kühlhäuser für die ganzen Lebensmittel zur Verfügung, dle jeden Montag und Donnerstag fast komplett neu befüllt werden mussten.

Es kamen teilweise bis zu vierzehn Rollcontainer, die weggeräumt werden mussten.

Das war meine Aufgabe.

So hatte ich den Vorteil, den Überblick über die Warenströme zu behalten, musste ich doch auch immer rechtzeitig für Nachschub sorgen.

Ich wuchs immer tiefer in die Strukturen dieses großen Betriebes hinein. Irgendwann kam mir der Betrieb immer kleiner vor.

Hatte es vielleicht mit der entstandenen Routine zu tun? Oder war ich an meinen Aufgaben gewachsen?

Ich blickte über den Tellerrand hinaus und kümmerte mich auch um die Betreuung der Gäste. Sollten sie doch ihren Aufenthalt so angenehm wie möglich erleben.

Nur für mein Hobby, oder besser gesagt mein Nebengewerbe, hatte ich keine Zeit mehr. Hier kam mir aber auch ein Zufall zur Hilfe.

Im Hotel wurden ein paar Vitrinen frei und der Hotelier hatte von meinem Schmuck Faible erfahren. So konnte ich einige der Vitrinen belegen. Es lief gut und so hatte ich auch hier regelmäßig Verkäufe zu verzeichnen. Ich schaffte sogar eigene Vitrinen an, um mein Angebot zu erweitern.

Seit der Arbeit dort hasste ich jede Art von Alkohol.

Sicher hatte auch ich früher zu Feiern oder zum Schützenfest das ein oder andere Bier getrunken. Aber was in diesem Party Hotel teilweise an Alkohol durch manche Gäste vernichtet wurde, das widerte mich förmlich an.

Gut, feiern ist schon eine schöne Sache, aber was hat man davon, wenn man sich am nächsten Tag an nichts mehr erinnern kann.

Für mich war das nichts.

Trotzdem hatten wir auch dort viel Spaß mit den Gästen. Waren diese doch in lockerer Urlaubsstimmung.

Und wir konnten ja alle mit unseren Leckereien verwöhnen.

Wie sagt man noch? Liebe geht durch den Magen.

Mit der Zeit kannte ich auch viele der Stammgäste, die mehrmals im Jahr anreisten. Auch diese Gäste freuten sich, mich wieder zu sehen.

Ich wurde zu allen Besprechungen hinzugezogen.

Meine Meinung war anscheinend gefragt. Ich blühte richtig auf in der Berufung und vor allem in der Bestätigung durch Gäste und den Hotelier.

Ich konnte mir vorstellen, dass alles bis zur Rente so weiter zu machen.

Die Knochen taten mir schon weh, wenn ich abends nach einem zwölf bis vierzehn Stunden Tag in meinen Fernsehsessel sank. Aber es musste wohl so sein.

Irgendwann wurde die Zeit schlechter. Die Belegung des Hotels ging zurück.

Nur einer machte weiter, als wenn nichts geschehen wäre.

Es war der Hotelier.

Er investierte fröhlich weiter. Auch wenn ich gute Vorschläge hatte, was man optimieren könne, ich wurde nicht mehr gehört.

Ich machte mir schon so meine Gedanken, wie es weiter gehen würde. Für mich schien es zu einem Fass ohne Boden zu werden.

Mir fiel es unheimlich schwer mich von diesem, zur zweiten Heimat gewordenen Betrieb zu trennen.

Aber nach langem hin und her war für mich die einzige Lösung, dort wegzugehen.

Ich weiß noch genau, mit welchen Magenschmerzen ich meine Kündigung schweren Herzens abgab.

Eine wirklich aufregende und glanzvolle Zeit ging zu Ende.

Ich nutzte noch die Gelegenheit, mich von vielen, mir ans Herz gewachsenen Stammgästen, zu verabschieden.

Diese waren ja zum Glück mehrfach im Jahr bei uns zu Gast.

Auch hier genoss ich die Herzlichkeit der Gäste mir gegenüber.

Ich hatte dort wirklich viel Anerkennung bekommen.

Diese Entscheidung hatte mir noch lange schlaflose Nächte beschert.

Da es immer weniger Köche auf dem Arbeitsmarkt gab, hatte ich schnell eine neue Stelle zur Hand.

Ich blieb in der Nähe.

Der neue Arbeitsplatz war ein etwas kleineres Hotel wie zuvor.

Ich fand mich dort schnell ein.

Das schwierigste für mich war die Umstellung auf die neuen Gegebenheiten.

Die Arbeitszeiten hatten sich verändert und ich hatte viele Niederländer als Kollegen.

Eine neue Facette in meinem Leben kündigte sich an.

28. Und ich blieb in Winterberg

Langsam muss man glauben, ich sei verrückt geworden.

So viele Neuanfänge.

Aber bisher habe ich diese ja auch alle irgendwie gemeistert und das eine mal mehr oder weniger stark lädiert auch überstanden.

Langsam merkte ich meine Knochen. Es ist schon ein harter Beruf, für den ich mich vor Jahren entschieden hatte.

Ich merkte, dass ich immer mehr meiner so kostbaren Freizeit für meine Erholung brauchte. Ich musste ehrlich gesagt, erst einmal meine ganzen Knochen wieder sortieren.

Mit dem Beruf war ich quasi schon verschmolzen. Aber ich denke, wenn man älter wird, fängt man wohl automatisch irgendwann an, sich nach etwas mehr Freizeit zu sehnen.

Meine Mutter war bereits verstorben. Nun wollte ich wenigstens noch ein paar schöne Jahre mit meinem Vater erleben.

Daher kam für mich jetzt nur eine normale Stelle in Frage. Nicht, dass ich keine Verantwortung mehr haben wollte.

Aber ich kannte mich.

Sobald ich eine Führungsaufgabe bekomme, mache ich das zu hundert Prozent. Und dabei bleibt wieder das Privatleben auf der Strecke.

In dem Fall war diese Stelle gut, um sich auch einmal etwas vorzunehmen, was ich dann auch tat.

Bis der Winter kam.

In Winterberg ist im Winter, sobald die weiße Pracht die Landschaft fest im Griff hat, so gut wie kein Bein mehr auf den Boden zu bekommen.

Besonders die Hotels in Skiliftnähe sind mehr als stark frequentiert.

Mein Arbeitsplatz war in einem dieser Hotels. Wir hatten auch hier für unsere Hausgäste jeden Abend leckere Buffets zu erstellen.

Bei dem Arbeitsaufkommen erinnerte ich mich oft an früher, als wir uns nach Feierabend fast auf allen Vieren zum Auto schleppten.

In diesem Hotel konnte ich mich im Dessertbereich so richtig austoben.

Es hat richtig Spaß gemacht, die eigene Fantasie in Dessertplatten und Salaten einfließen zu lassen.

Irgendwann war dann allerdings bei einigen Kollegen sozusagen die Luft raus. Ich alleine konnte das nicht aufrecht erhalten, auch wenn ich es versuchte. Zudem quälte mich zu der Zeit noch eine Hüftentzündung.

Ich konnte einfach nicht mehr richtig laufen. Aber zum Arzt gehen, nein, das kam für mich nicht in Frage.

Nach einer Zeit überzeugten mich allerdings die starken Schmerzen, doch einmal einen Arzt zu konsultieren.

Ja und es war wirklich eine, dazu noch verschleppte Entzündung. Na ja.

Musste ich halt eine Zeit lang Tabletten einnehmen.

Ich wollte nur noch Ruhe.

Alles nervte irgendwie. Ich brauchte einen Wechsel.

Es fiel mir hier besonders schwer, das Arbeitsverhältnis zu beenden.

Es waren mir einfach zu viele Leute ans Herz gewachsen.

Besonders auch der Manager, der mit seiner Frau zusammen das Hotel führte, beeindruckte mich immer.

Er war unermüdlich im ganzen Hotel anzutreffen.

Dabei war ihm keine Arbeit zu schade.

Sozusagen war es nicht nur der Chef, sondern auch noch die gute Seele des Hauses.

Ich hielt, auch aufgrund des sehr guten Verhältnisses zu allen, gerne Kontakt in diesem Betrieb, mit all den netten Kolleginnen und Kollegen.

Nun nahm ich die Gelegenheit war, in einem richtigen Familienhotel Fuß zu fassen.

Ich hatte bereits früher von diesem Hotel gehört. Es war ehemals eher eine Pension mit Bauernhof.

Doch mittlerweile war der Betrieb zu einem richtig großen Hotel geworden.

Ein Anbau war bereits vor einiger Zeit gemacht worden. Und jetzt sollte es nochmals wachsen.

Auch dort wurde den Gästen alles in Buffetform angeboten.

29. Das Familienhotel

Ich wollte ja ganz sicher gehen, da die neue Stelle auch meinen Bedürfnissen gerecht werden sollte .

Also war ich bestimmt drei mal dort, um alles zu besprechen, bevor ich eine Zusage treffen würde.

Das Witzige war, das ich die Chefin dort noch von Früher kannte, als ich die Küche in der Freizeitbad Gastronomie leitete. Dort hatte sie als junges Mädchen ausgeholfen.

Nun aber war sie die Chefin eines ziemlich gut gehenden und noch im weiteren Ausbau befindlichen Hotels.

Wenn man es beschreiben will, könnte man sagen, dass es sich um ein wahres Kinderparadies handelte, bei dem aber auch die Eltern genug ausspannen konnten.

Wir hatten dort auch alles in Buffetform hergerichtet.

Besonders die Kinder waren dankbare Abnehmer unserer Speisen, da auch sie ein eigenes Buffet hatten. Und dass sogar in kindgerechter Form.

Was ich hier von den Kollegen her erlebte, erinnerte mich an meine Bundeswehrzeit.

Es waren nicht nur Kollegen, sondern auch Kameraden.

Der Zusammenhalt der Abteilungen untereinander war auch besser, wie man es von anderen Betrieben her kannte.

Es war natürlich, wie in jedem Betrieb, ein anderes System.

Wir hatten dort ein Team, dass sich um die Herstellung der leckeren, ausschließlich selbst gemachten Kuchen und um die Desserts kümmerte.

Des weiteren eine, wie ich immer sagte, autarke Frühstücksabteilung und meine Abteilung, die sich um die Erstellung der warmen Buffets bemühte.

Anfangs fand ich es schon schade, dass ich keine Desserts mehr machen konnte. Die andere neue Aufgabe füllte mich aber auch gut aus.

Ich musste dort auch schnell zurecht kommen, da meine Einarbeitung nur circa vier Stunden dauerte. Grund dafür war der krankheitsbedingte Ausfall der Küchenleitung.

Die Arbeit dort war auch für meine Freizeit sehr förderlich, da ich bereits zwei Wochen zuvor wusste, wann ich frei hatte.

Da ich schon immer sehr Kommunikativ war, stand ich jeden Abend gerne am Buffet, um die Speisen zu präsentieren und den Gästen bei der Auswahl behilflich zu sein.

Besonders das Lachen der Kinder machte mir Freunde, wusste ich doch, dass sie bei uns gut aufgehoben waren.

So ging ein Tag nach dem anderen dahin. Ich hatte mich auch hier gut eingelebt.

Dann kam es, wie es kommen musste.

Unsere junge Küchenleitung war in freudiger Erwartung.

Sie bekam also ein Kind.

Leider fiel sie von heute auf morgen aus und so musste sich das Küchenteam irgendwie selbst organisieren.

Nach anfänglichen Schwierigkeiten mit der Verteilung der Aufgaben gelang das auch recht gut.

Nur hatte ich ja von Anfang an gesagt, dass ich keine Leitungsfunktion oder Aufgaben der Leitung übernehmen wolle.

Ich begann unzufrieden zu werden.

Diese Situation war für keinen von uns sehr zufriedenstellend, da wir uns alle etwas im Regen stehen gelassen fühlten.

Ich hörte mich locker und ganz nebenbei nach Alternativen um.

Da mir bewusst war, wie sehr jetzt bereits Köche als Mangelware in der Gastronomie galten, war ich mir sicher, schnell etwas Passendes zu finden.

Ich wollte nun, da mein Vater immer älter wurde, auch meine Arbeitszeiten etwas einschränken.

Da ich noch viele alte Kontakte hatte, gelangt dies schließlich auch.

Ich wollte zurück in einen ehemaligen Betrieb.

Dort waren allerdings die ehemaligen Team Mitglieder der Küche nicht mehr da.

Sie waren auch ihrem Drang nach etwas Neuem nachgegangen.

30. Die vorläufig letzte Stelle

Nun war ich also, wie ich hoffte, zu meinem letzten Wechsel im neuen und doch alt vertrauten Betrieb angekommen.

Einige Leute kannte ich noch. Andere hatten auch, wie in der Gastronomie üblich, gewechselt und waren neue Wege gegangen.

Ich denke es ist heute ein Scheideweg, in dem sich die ganze Gastronomie befindet.

Es gibt viele Betriebe, die es nicht besser wissen oder es vielleicht noch nicht wahr haben wollen.

Das Personal wird immer weniger, da bereits zu viele in andere Berufe gewechselt sind.

Sei es wegen des früher oft schlechten Verdienstes, mit dem man keine Familie ernähren konnte, oder wegen der Arbeitszeiten verbunden mit der harten Arbeit.

Diejenigen, die bleiben, haben einen sicheren Job.

Aber auch viel zu tun.

Ich jedenfalls komme zur Zeit recht gut mit meinen etwas eingeschränkten Arbeitszeiten zurecht.

Auch genieße ich den Vorteil, dass ich noch genau die Abläufe kenne, die hier im Betrieb üblich sind.

Meine Einarbeitung dauerte fünf Tage.

Seitdem muss ich nun selbst zurecht kommen.

Aber das war ich ja bereits von meinem bisherigen Berufsleben mehr als gewohnt.

Das wichtige, neben meiner Freizeit ist, dass ich meine Kreativität auch hier frei entfalten kann.

Wie ich schon früher sagte, ist jede Art von Einschränkung oder Vorschrift schädlich für das freie Entfalten der Fantasie.

Natürlich bin auch ich gespannt, wie sich mein restliches Berufsleben noch entwickeln wird.

Wer weiß, was auch bedingt durch den Klimawandel und die veränderten Umweltbedingungen noch so alles Geschieht.

Es bleibt spannend, wie mein bisher sehr turbulentes Berufsleben.

Ich hoffe mittlerweile, dass meine Gesundheit noch soviel Spielraum lässt, dass ich diesen, mir so ans Herz gewachsenen Beruf noch viele Jahre erleben darf und kann.

Da sich das Leben ständig weiter entwickelt und verändert, kann man sich nur behaupten, wenn man sich an die veränderten Gegebenheiten anpasst.

Also heißt es für mich, am Ball bleiben und weiter machen. Es gibt bestimmt noch viel Spannendes zu erleben.

Ein Ereignis zeigte mir vor Kurzem noch, dass sich auch einige Dinge verändern, die uns nachdenklich stimmen. Aber auch solche Ereignisse lassen mich zurück denken. An die Anfänge meiner beruflichen Tätigkeit.

So entdeckte ich neulich noch in der Tageszeitung die Sterbeanzeige von meinem ehemaligen Lehrmeister, der mir die Grundlagen für diesen so interessanten Beruf näher brachte.

Er war es damals auch, der mir die nötige Freiheit für meine sich damals bereits entwickelnde Kreativität gab.

Wie ich es sehe, habe ich bis zum jetzigen Zeitpunkt ein mehr als erfülltes Berufsleben gehabt, das von Höhen und Tiefen, aber auch von sehr viel Freude erfüllt war.

31. Schlusswort

Was mir die Zukunft bringt, kann niemand sagen.

Aber die Vergangenheit aufzuarbeiten, hat mir viel Spaß gemacht. Konnte ich mich doch an die vielen Stationen meines Lebens, von denen es außergewöhnlich viele gab, erinnern. Ich glaube jetzt fest daran, dass ich alles nochmals genau so machen würde.

Auch möchte ich anderen Leuten Mut machen, die dieses Buch gelesen haben. Denn egal was man im Leben macht, man sollte dazu stehen und mit voller Hingabe dabei sein.

Irgendwie findet das Leben immer wieder einen neuen Weg.

In diesem Sinne wünsche ich Ihnen, liebe Leserinnen und Leser, Gesundheit und alles Gute für Ihren weiteren beruflichen und privaten Lebensweg.

Herzlichst Ihr

O. Rydzy